# The Chinese modern age academic must slightly

# 中國現代學術要略

劉夢溪 著

The Chinese modern age academic must slightly

# 中國現代學術要略

目錄

The Chinese modern age academic must slightly

# 中國現代學術要略

目錄

# 第一章　學術與學術思想

學術思想是人類理性認知的系統化，是民族精神的理性之光；學術思想發達與否是一個民族文化是否發達的標誌；既順世而生又異世而立是學術思想的特點；轉移風氣、改變習俗，學者之理趣覃思與有不滅之功焉；對學術思想不可簡單以功利計。

二十世紀走完了。二十一世紀走來了。

在此世紀轉換之際，人們禁不住要問：二十一世紀將會是怎樣一個世紀呢？誰都不是預言家，未來的事情不好預測。但鑒往可以知今，前瞻性思考的真理性往往即深藏於對往昔的回顧之中。特別是一個民族的學術思想，是一個民族的精神之光，特定時代學術精英的活動，往往蘊藏著超越時代的最大信息量。站在學術史的角度回觀二十世紀的中國，簡錯紛繁的百年世事，也許更容易獲致理性的通明。

問題是到底什麼是學術?學術思想究竟指什麼而言?

## 一

二十世紀第一個十年剛剛過後的一九一一年，梁啓超寫過一篇文章叫《學與術》，其中有一段寫道：「學也者，觀察事物而發明其真理者也；術也者，取所發明之真理而致諸用者也。例如以石投水則沈，投以木則浮。觀察此事實以證明水之有浮力，此物理也。應用此真理以駕駛船舶，則航海術也。研究人體之組織，辨別各器官之機能，此生理學也。應用此真理以療治疾病，則醫術也。學與術之區分及其相關係，凡百皆准此。」①這是迄今看到的對學術一詞所作的最明晰的分疏。學與術連用，學的內涵在於能夠揭示出研究對象的因果聯繫，形成建立在累積知識基礎上的理性認知，在學理上有所發明；術則是這種理性認知的具體運用。所以梁啓超又有「學者術之體，術者學之用」②的說法。他反對學與術相混淆或者學與術相分離。

嚴復對學與術的關係也有相當明確的界說，此見於嚴譯《原富》一書的按語，其中一則寫道：「蓋學與術異。學者考自然之理，立必然之例。術者據既知之理，求可成之功。學主知，術主行。」③嚴復用「知」與「行」的關係來解喻學與術兩個概念，和任公先生的解釋可謂異曲同工。

中國古代還經常講道術，如《莊子．天下篇》：「道術將爲天下裂。」賈誼《新書．道術篇》：「道者所道接物也。其本者謂之虛，其末者謂之術。虛者言其精微也，平素而無設諸也。術也者，所從制物也，動靜之數也。」④也視「道」和「術」爲體和用的關係。「道」標識著學問的方向。學各有別，學中之道是相通的。章學誠嘗言：「學者，學於道也。道混沌而難分，故須義理以析之；道恍惚而難憑，故須名數以質之；道隱晦而難宣，故須文辭以達之。」⑤他由此抽繹出治中國學問的三要素，即義理、考據、詞章。但對一個學人來說，比這三者更重要的是爲學的目的。嚴復在爲《涵芬樓古今文鈔》作序時寫道：

蓋學之事萬途，而大異存乎術鵠。鵠者何？以得之為至娛，而無暇外慕，是為己者也，相欣無窮者也。術者何？假其途以有求，求得則輒棄，是為人者也，本非所貴者也。為帖栝，為院體書，浸假而為漢人學，為詩歌，為韓歐蘇氏之文，樊然不同，而其弋聲稱，網利祿也一。凡皆吾所謂術，而非所謂鵠者。苟術而非鵠，適皆亡吾學。⑥

嚴復所要求的是一種純學術的立場，做學問的目的就在學術本身，學術以外沒有也不應該有目的，因而也可以稱作「爲己」之學。而詩詞書法一類傳統文士人皆能詳的技能，不過是一種工具，也就是「術」。如果一個人爲學的目的是爲了獵取功名利祿，所掌握的「術」再精良，也只能是「爲人」之學，真正的學者必不取此種態度。

因爲「爲人」之學是不自由的，所以不能達之於道。中國傳統學術，既講學，又講道。道這個概念，講起來很麻煩。「道可道，非常道。」老子的話，一言九鼎。《莊子》「人間世」也說：「唯道集虛。」現代一點的說法，倘若撇開歷史上各家各派賦予道的特殊意涵，不妨可以看作是天地、宇宙、自然、社會、人情、物事所固有的因果性和規律性，以及人類對它的超利害的理性認知，甚至也可以包括未經理性分疏的個體精神的穿透性感悟。學中之道，兼有這兩個方面的特徵。因此做學問貴在打通，無道則隔，有道則通。

## 二

學術思想則是人類理性認知的系統化，而且須有創辟勝解，具備獨到性的品格。既系統又獨到，屬於思維的成果，具有形上之學的特點，這才是學術思想。章學誠《文史通義》「原道」引《易・繫辭》爲說：「形而上者謂之道，形而下者謂之器。道不離器，猶之影不離形。」⑦學術思想的特徵，應該是「即器以明道」。據說元朝時，羅馬教皇曾把歐西之「七術」介紹給元世祖，包括文法、修辭、名學、音樂、算數、幾何、天文；但介紹之書後來已不傳，直至明末方有隨耶教而來的數學和曆學爲中土所採用。王國維由此得一結論：「此等學術，皆形下之學，與我國思想上無絲毫之關係。」⑧可見形下之學與我們所說的學術思想亦尙有別。

一個民族或一定歷史時代的文化氛圍和精神氣象，第一表現在社會習俗方面，第二表現在學術思想方面。社會習俗固然影響學術思想，同時有賴於學術思想對社會習俗加以提升。學術思想是否發達，是一個國家或者民族文化發達與否的標誌。當我們習慣地稱某些國家有悠久的歷史文化傳統的時候，其實就是說這個國家的學術思想發達。世界上四大文化圈，古希臘羅馬文化、阿拉伯文化、印度文化和中國文化，都有悠久豐富的學術傳統爲之奠基。其中尤以中國的學術思想最具特色。早在周秦時代，自覺的學術思想就產生了。後來經過歷朝歷代的沿革，學術思想愈來愈走向成熟，其中經過了先秦子學、兩漢經學、魏晉玄學、隋唐佛學、宋明理學、清代漢學和晚清新學等不同的學術發展時期。可以說，中國歷史上不同的階段都有作為階段性標誌的學術思想。

當中國社會由晚周進入春秋戰國時代，諸侯國之間的征伐與變亂固然不能不引起我們的注意，更引起我們注意的卻是諸子百家爭鳴競放的學術思想。於是我們知道有孔子、孟子、荀子、老子、莊子、墨子、韓非子、公孫龍子，這些閃亮的名字成了我們民族智慧的象徵，成了中華文化傳統的象徵。他們創造的學說，影響到後代，影響到世界。他們給一個民族帶來的驕傲以及其學說所具有的永久的魅力是不可替代的。而當歷史的掛曆翻到宋朝和明朝這一頁的時候，又一批思想巨子的名字首先映入我們的眼簾：周敦頤、邵雍、張載、程顥、程頤、朱熹、陸九淵、王陽明、陳亮、葉適、王廷相、司馬光、鄭樵、劉知己、沈括、李卓吾、王船山，他們繼先哲之遺緒，發潛德之幽光，使中國的學術思想進入了更加輝煌的時期。宋朝的軍事和社會的狀況，或有大不能令人滿意處，但學術思想多支並秀，堪稱傳統文化的最高峰。試想，如果沒有了宋明理學和宋代的史學，中國的學術史和思想史，甚或整個中國的思想文化傳統將呈現怎樣的缺憾呢！

這說明學術思想自有其獨立性。既順世而生又異世而立，是學術思想的另一個特徵。順世而生，自不待言。沒有哪一種學術思想不是特定時代和世代的產物，連虛幻的不結果實的花朵也可以振葉尋根，找到她賴以開放的或直接或間接的社會環境的根源。但我們需要注意，是順世而生，可不是順勢而生。學術思想與權柄和勢力天然地缺少緣份。不僅如此，她順世卻不隨俗，就其發生來說有順世的一面，而就其存在來說又有異世甚或逆世的特點。正如章學誠所說：「與一代風尙所趨，不必適相合者。」⑨相反，學術思想是引導風尙的，轉移風氣、改變習俗，學者之理趣覃思與有不滅之功焉。

## 三

梁啓超曾經說過：「學術思想之在一國，猶人之有精神也。而政事、法律、風俗及歷史上種種之現象，則其形質也。欲睹其國文野強弱之程度如何，必欲學術思想焉求之。」⑩不獨中國，歐洲亦復如是。王國維說得好：「無論古今東西，其國民之文化苟達一定之程度者，無不有一種之哲學。而所謂哲學家者，亦無不受國民之尊敬，而國民亦以是爲輕重。」⑪又說：「光英吉利之歷史者，非威靈吞、納爾孫，而培根、洛克也。大德意志之名譽者，非俾思麥、毛奇，而汗德、叔本華也。即在世界所號爲最實際之國民如我中國者，於《易》之『太極』，《洪範》之『五行』，周子之『無極』，伊川、晦庵之『理氣』等，每為歷代學者研究之題目，足以見形而上學之需要之存在。而人類一日存此學，即不能一日亡也。而中國之有此數人，其為歷史上之光，寧他事所可比哉？」⑫他甚至強調：「提倡最高之學術，國家最大之名譽也。」⑬陳寅恪也說，學術的興替「實係吾民族精神上生死一大事者」⑭。而此前張之洞在《勸學篇》的序裏也曾說過：「世運之明晦，人才之盛衰，其表在政，其裏在學。」

梁、王、陳三位現代學術巨子都把學術思想提到了至高至榮的位置。

然而復按歷史，一種學說或一種學術思想的遭遇卻沒有我們想像的那般幸運。往往愈是具有獨創性的思想，愈不為當世所重。所以孔子有陳蔡之厄，孟子有「不得已」之辯；韓非飲鴆，孫子臏足；史遷宮刑，班氏獄死；阮籍臨歧而痛哭，稽康佯狂而不羈；羅什折翮於北國，玄奘歷險於西土；韓愈受黜，行三千里路；蘇軾遭貶，困瓊海之濱；陽明承廷杖之辱，朱子遇罷祠之變；戴震中歲，衣食不濟；顏元苦行，骨肉難全；李卓吾嚐鐵窗自盡而死，王夫之築土屋匿於深山。即百年以還之現代中國，亦有譚嗣同斫頭，康梁流亡，章太炎繫獄，王國維自殺，聞一多遇難，吳宓蒙饑，陳寅恪吞淚，梁漱溟禁聲，李叔同出家，馬一浮歸隱，王重民投湖，翦伯贊自盡等系列悲劇的演出。一部學術史，可以說是一批批學者為創造學說為追求真理而獻身的歷史。

這種情況說明，對待學術思想，是不可以功利計的。「正其誼而不謀其利，明其道而不計其功」，董仲舒這句被後世目爲近乎愚枉的話，恰恰道出了學術思想的真諦。而學人、思想家被目爲愚妄、狂癲，爲世人所竊笑，歷史上屢見不鮮。正因爲他們先覺、異世或逸世而獨立，世人才有充分理由疏遠他們。天才的歸宿到頭來總逃不過《紅樓夢》中的一支曲——「世難容」。

# 第二章　學術思想的隆替與變異

## 四

中國是學術大國，學術思想的隆替與變異是中國文化史上最壯觀的一幕；就與歷史行程的比較而言，可以說一代有一代的學術；一定歷史時期如果沒有另外的學說相互撞擊，佔據主流地位的學說內部，便會分裂、內耗乃至自蔽；盛清學者的治學方法中已開始含有現代學術思想的一些萌芽。

中國傳統社會歷朝歷代統治勢力對學術思想的選擇是極爲嚴格的。雖然學人的妙悟哲思，即使庸員俗吏也不至於簡單地認爲有害於邦國天下，或者學術思想對世道、人心、社會、家國的長遠利益至少還會有所小補的道理，人們是明白的；但處於權力中樞的執掌權柄的人物，更看重與本集團相關的眼前的利益，不免輕忽學者們爲窮追事物之理而開出的趨向更多顧及人類普遍性的長遠利益的各種藥方。而歷史上許多以學術爲職志的人，偏偏知其不可而爲之，似乎抱定了「不說白不說，說了也白說，白說也要說」的宗旨。因此學術思想在中國幾千年的傳統社會裏，呈現出異常錯綜紛繁的景觀。

這其中，學術思想的隆替與變異是最壯觀的一幕。

就與歷史行程的比較而言，可以說一代有一代的學術。就中國傳統社會各種學術思潮的比較而言，儒學的地位長時期至爲顯赫。但這也只是就一定的歷史條件相對而言，深爲之說，並不如此簡單。秦政統一，春秋戰國時期百家競放的燦爛局面黯然中歇。孟子說：「聖王不作，諸侯放恣，處士橫議。」⑮秦火之後，諸侯斂跡，處士禁聲，思想受到鉗制，學術失卻空間。但秦代同時有七十博士之設（焚坑後改為三十餘人），包括後來傳授《尚書》的伏生、爲漢初起立朝儀的叔孫通，都列名顧問，儒學也不是完全立而無地。迨至兩漢，經學蔚爲大宗，蓋起因於武帝獨尊儒術，對儒家經典的闡釋一時成爲顯學。可是通觀漢代學術，絕不只是經學的一統天下。漢初崇尚黃老，因此司馬談撰《六家要旨》，置道家於儒家之上，先黃老而後六經⑯，此可暫不置論；就是儒學獨尊的武帝時期，仍存在與儒學爭衡的各種潛勢力。董仲舒以陰陽五行學說解釋儒學，已給儒學摻進雜質，尊之適足以卑之。而經今古文學的論爭，無異儒學內部的自我耗散。

要想動搖一種學說，再沒有比宣佈一種學說所依據的經典是「僞作」或「殘缺」更具有摧毀力了。古文經學打擊今文經學和今文經學打擊古文經學，用的就是此種策略。肇始者爲西漢末年的劉歆，他率先攻擊今文經殘缺不全（「學殘文缺」），要求立古文經於學官⑰。今文十四博士則奮起反擊，提出所謂古文經是「僞託」，揚言要對劉歆治以亂經之罪。直至東漢的鄭玄遍注群經⑱，采今古文而融通之，持續一二百年的這場學術大論爭，才初告平息。

學說的一統局面，只不過是偏執的朝政執掌者和固陋的臣僚們的一種願望，歷史的真實情形反是，學術思想的多元化和多樣化倒是一種歷史的常態。如果一個社會只有一種學術思想，這種學術思想的存在理由，就失去了。一定歷史時期之內，假如沒有另外的學說與之相抗衡相撞擊，則占踞主流地位的學說內部，便會分裂、內耗乃至自蔽。兩漢經學的命運就是如此。鄭康成（鄭玄字康成）兼采今古文之長注釋群經的學術貢獻，自無疑義；但泯家法、齊今古的結果，問題也由此而生。

經學內部漸次滋生的不利於自身發展的諸多因素，早在今文經學占統治地位的漢宣帝和哀帝時期，已露出端倪。《五經》章句的講授，字數愈演愈繁，至有小夏侯一派的《尚書》章句，「增師法至百萬言」⑲。而且要求博士弟子必須嚴守「師法」和「家法」，使經學的傳承走進了死胡同。直到後來，經生解經一意以便辭巧說爲能事，完全流於支離破碎之境。班固對此一變異現象的敘論最爲警辟，他在《漢書・藝文志》裏寫道：

> 後世經傳既已乖離，博學者又不思多聞闕疑之義，而務碎義逃難，便辭巧說，破壞形體；說五字之文，至於二三萬言。後進彌以馳逐，故幼童而守一藝，白首而後能言；安其所習，毀所不見，終以自蔽，此學者之大患也。⑳

桓譚和王充也都有極中肯的批評。桓譚說一位講堯典的經師，篇目兩個字就講了十多萬字，其中「曰若稽古」一詞講了三萬言㉑。王充說：「儒者說五經，多失其實。前儒不見本末，空生虛說。後儒信前師之言，隨趣述故，滑習詞語。」㉒兩漢經學之末流終於走向了獵取功名利祿的自蔽之路。

但這時的中國歷史進入了魏晉南北朝時期。佛教已經傳入，道教開始勃興，社會變亂，玄學盛行，經學和儒學事實上退居到了次要的地位。我們把玄學視作此一時期的代表性學術思潮，一方面鑒於歷史的本真，另一方面也是出於研究者把握歷史現象的方便。實際情形，魏晉南北朝是中國學術思想最呈紛亂的時期，學術思想重組重建大變動大動蕩，各種學說相斥相融，交錯互動，究竟哪一種學術思潮爲主，頗不好遽然論定。所以如此的緣故，是因爲東漢末年有一種全新的學術思想悄然而入於華夏，這就是佛教的傳入。

佛教的傳入中土，使我國固有學術面對一生力軍的挑戰，從此儒、道、釋三家互相消張隆替、合縱連橫、迎拒排擊、化分化合，演成中國學術史上極具戲劇性的「三國演義」。單就這一點，如果得出中國傳統社會不僅文化連同學術思想也是多元的這一結論，應獲得足夠的理據支援。南北朝時北周之僧人衛元嵩，嘗爲《齊三教論》，闡釋三教會通的思想[23]。隋唐之際，又有大儒王通者，主張三教合一，開宋明理學的先河。有唐一代，釋、道兩家的地位經常不讓於儒家，所以韓愈起而作《原道》，發道斷之歎。但經學在唐代也曾有過一個小小的高潮，那是當太宗臨朝、學識淵博的國子祭酒孔穎達爲《五經》重新作義疏之時，儒家經典再次被確立爲官方的教科書。

只不過時間不長，高宗武后統治時期隨即發生變異。如同陳寅恪所說：「南北朝時，即有儒釋道三教之目，至李唐之世，遂成固定之制度。如國家有慶典，則招集三教之學士，講論於殿廷，是其一例。故自晉至今，言中國之思想，可以儒釋道三教代表之。此雖通俗之談，然稽之舊史之事實，驗以今世之人情，則三教之說，要爲不易之

論。」㉔

儒釋道三家的並立，標誌著我國傳統學術思想多元化格局的進一步形成。

## 五

宋明理學的出現，說明中國學術思想走到了空前成熟的時期。已往的宗派界分變得不那樣重要了，儘管儒、釋、道之間仍有衝突，學者們可以繼續搜尋三家不能並立的種種翔實的理由，以及程朱和陸王兩派的分歧有多麼嚴重，但它們都已經以自己的方式在理學的新天地中得到了昇華，並進入了人們的精神世界，進入了社會生活。

佛教的禪宗一支，是先秦儒學演變成宋明理學的真正的階梯。禪宗是完全中國化了的宗教，甚至已經不是宗教，無法作爲信仰對象來存在，只是知識分子進行心理體驗和心理調適的特定方式，以及憑頓悟慧識達致自我精神解脫的工具。禪宗其實是一種智辯。沒有禪宗的滲入，不可能有宋明理學。當然理學也吸收了道教和道家的思想。周敦頤畫的那幅有名的《太極圖》，用的就是道教的表述方法。陳寅恪把宋明理學的出現與佛陀出世相提並比，同作爲思想史上的「一大事因緣」。他說：「中國自秦以後，迄於今日，其思想之演變歷程，至繁至久。要之，只爲一大事因緣，即新儒學之產生，及其傳衍而已。」㉕又說：「凡新儒家之學說，幾無不有道教，或與道教有關之佛教爲之先導。」㉖宋明理學就是當時的新儒學，學者後來也稱作二期儒學。此可見理學與佛、道二教的淵源關係。何謂理學？理學就是儒、釋、道三家思想的合流。

宋明理學的代表人物自然首推朱熹。這位五歲與群兒遊戲便能在沙上畫出八卦㉗並爲「天地四邊之外是何物事」㉘而煩惱的天才哲學家，構建了一個與往聖昔賢大異其趣也可以說是中國學術史上最完整的理論體系。這個體系的核心概念是「理」和「氣」。並不是說他發明了這兩個概念，但他賦予這兩個概念以哲學思辨的充實內涵。而「理一分殊」則是他的哲學體系的結構原則。他的思想細密，大至宇宙萬物、小至人性人心，以及對現實世界應該抱持的態度和個人的修養功夫，都是他觀察探尋的對象。

西哲有「世界圖像」之說，朱熹顯然描繪出一幅基於宇宙本原的生動的「世界圖像」，而且設定了「人」在這個「世界圖像」中的位置。他說：「天地之間，有理有氣。理也者，形而上之道也，生物之本也；氣也者，形而下之器也，生物之具也。是以人物之生，必稟此理，然後有性；必稟此氣，然後有形。」㉙至於「理」和「氣」何者爲先的問題，他似乎不願作截然的區分。他說：「此本無先後可言。」㉚可是實際上他更傾向於「理是本」、「理在先」、「未有天地之先，畢竟是先有此理」的觀點㉛。那麼他的哲學思想（「理氣論」）更像柏拉圖還是亞理斯多德？抑或是康得（「自在之物」）或者黑格爾（「絕對精神」）？我想，還是不必刻意作這種連類比照罷。反正朱熹的哲學思辨味特濃，如果一定要對「思想」和「哲學」作概念的分別，認爲哲學是思想、思想不一定是哲學，那麼朱熹的思想毫無疑義是真正的哲學，而且是有完整體系的哲學。

朱熹童幼時期就想做聖人㉜，後來果然成了聖人。我們不妨引述他的學生黃榦對老師日常生活起居的記述：「至於他的形貌，則表情嚴肅，言語扼要，行動穩重，思想正直。他黎明即起，著衣帽，穿方鞋，每日至家祠祭拜祖先，禮拜先聖。然後回至書齋，書齋中書、桌一切事物整然有序。用膳時，碗筷要用預定方式使用。他感到疲倦時，便閉上雙眼養神，養神之後，稍作漫步。夜半方始就寢。夜裏醒來時，著衣坐起，以待天明。他的容貌、動作都遵循歷久不變的習慣，無論年青之時或年老之時，仲夏或仲冬、休閒或忙碌，皆是如此。在他的私生活中，侍奉父母非常孝順，對待幼輩非常慈愛。由於他表現如此的敬愛之情，所以家庭和睦。祭拜祖先時，嚴格遵循古禮，絲毫不得忽略，若有不當之處，會終日不安；但若一切順當，則心中快樂。參加喪葬之禮時，身著喪服，滿面憂戚，分享配食。他對來訪者都非常禮貌。對親戚不管遠近都能表示愛意。對鄰人不論貴賤都能表示敬意。對他人生日、婚喪及不幸遭遇，從不忽略本人應當的做的任何小事。至於本人的生活起居，反不甚重視，穿衣只求保暖，飲食只求充饑，住屋只求蔽風雨。別人可能覺得無法忍受的環境，他卻安之若素。至於政事方面，他的計劃和奏疏都是基於妥當的政策。雖然仕途不順，無法實現他的大道，卻能退而明道，解後世千年不惑。」㉝看了黃榦的記述，我們可以知道宋明理學鑄造出來的聖人是什麼樣子，不用說，孔孟的日常表現也難免要相形見絀了。

朱熹一生著述宏富，中國學術史上沒有多少人像他那樣，寫了那麼多書、說了那麼多話。他是太注重學問了。他與師弟子之間的書信，大都是討論學問的。日用常行的細微小事，也都用學問提著。他的哲學體系是極具形上理趣的學術思想體系，學問成爲他達致於道的必要途徑。正是在這點上，陸九淵和他發生了分歧。陸的主張是「心」就是「理」，要想近道，不必訴諸那樣繁難的學問工夫，因此他的口頭禪是：「堯舜所學何書?」㉞《中庸》裏說的「君子尊德性而道問學」，陸強調前半句，朱強調後半句，不承認「尊德性」可以與「道問學」分開。西元一一七五年的「鵝湖之會」，他們想就這個問題討論個明白，但效果不盡如人意。當陸九齡（字復齋）、陸九淵（字象山）兄弟相繼爲詩，指摘朱熹「著意精微」、學問「支離」時[35]，朱的心中十分不快，儘管仍持續研討了兩天，終無結果。但朱陸「鵝湖之會」的學術魅力是無窮的，它是吾國學術思想史上的盛舉，爲不同學派之間的辯難與溝通立一博雅的範例。

宋明學術思想由理學發展到心學，是傳統儒學的又一次大變異。這次變異使儒學在一定程度上從傳統儒學的束縛下解放了出來。理學是往外走，心學是往內走。依心學家的觀點，往外走走窄了路，往內走走寬了路。陸九淵十三歲時寫下的名言是：「宇宙便是吾心，吾心便是宇宙。」[36]後來他又有更大膽的名言：「六經注我，我注六經。」[37]。王陽明闡揚陸氏學說，提出：「聖人之學，心學也。」[38]並申而論之曰：「學貴得之心。求之於心而非也，雖其言之出於孔子，不敢以爲是也，而況其未及孔子者乎?求之於心而是也，雖其言之出於庸常，不敢以爲非也，而況其出於孔子者乎?」[39]他還竭力證明，每個人都可以成爲聖人。這些地方表現出陸、王心學的自由境界和獨立不倚的精神。甚至也可以說王陽明是在轉著彎推行一種非孔子化的政策。試想，如果每個人都可以成爲聖人，滿街都是聖人，聖人還尊貴麼?也就無所謂聖人了。

陽明之學作爲中國學術史上儒家之學的一個脈系，無法掩蓋它的離經叛道的傾向。

當然王學主「知行合一」，又與孔門「文行忠信」之設教闇合。雖然王學沒有像朱子學那樣得到官方的認可，在士林的影響卻是很大的，特別在晚明，幾成籠罩之勢。但晚明的王學，其末流已入於空疏之途，遭致學者的不滿。

## 六

職是之故，清代實學家和漢學家對包括理學和心學在內的宋學施行攻詰，就不令人感到驚異了。

顧炎武說：「昔之清談，談老莊；今之清談，談孔孟。未得其精，而已遺其粗，未究其本，而先辭其末，不習六藝之文，不考百王之典，不綜當代之務。舉夫子論學、論政之大端，一切不問，而曰一貫，曰無言，以明心見性之空言，代修己治人之實學。股肱惰而萬事荒，爪牙亡而四國亂，神州蕩覆，宗社丘墟。」㊵黃宗羲說：「明人講學，襲語錄之糟粕，不以六經爲根底，束書不讀。」㊶顏元說：「宋家老頭巾群天下人於靜坐讀書中，以爲千古獨得之秘指，辦幹政事爲粗豪、爲俗吏，指經濟生民爲功利、爲雜霸。究之使五百年中平常人皆讀講集注，揣摩八股，走富貴利達之場。高曠人皆高談靜敬，著書集文，貪從祀廟廷之典。」㊷這還是就一般學風及其影響說的。毛西河說：「道學本道家之學，兩漢始之，歷代因之，至華山而大張之；而宋人則又死心塌地以依歸之，其爲非聖學，斷斷如也。」㊸江藩說：「宋初承唐之弊，而邪說詭言，亂經非聖，殆有甚焉。」㊹這不是說宋人有非聖的傾向麼？戴震說：「宋以來儒者，以己之見，硬坐爲古賢聖立言之意，而語言文字實未之知。其於天下之事也，以己所謂理，強斷行之，而事情原委隱曲實未能得，是以大道失而行事乖。」㊺這不是明指宋人離經叛道麼？前面我們講了，是有此事。

還有錢大昕說的：「晉代尚清談，宋賢喜頓悟，笑問學爲支離，棄註疏爲糟粕。」㊻惠棟說的：「南宋俗儒，空談道學，凡有用之書，至南宋而皆亡矣。」㊼焦循說的：「宋儒言性言理，如風如影。」㊽汪中說的：「宋世禪學盛行，士君子入之既深，遂以被諸孔子。是故求之經典，惟《大學》之『格物致知』，可與傅合，而未暢其旨也。一以爲誤，一以爲闕，舉平日之所心得者，悉著之於書，以爲本義固爾。然後欲俯則俯，欲仰則仰，而莫之違矣。習非勝是，一國皆狂。」㊾等等。其鋒芒所向幾不留餘地，從而演成清初思想界的漢宋之爭。

爲宋學辯護者亦不乏其人。例如寫《漢學商兌》的方東樹，就曾把經比作良禾，他說漢儒是勤於耕耘除草的農夫，宋儒則是把得到的糧食椿成米，蒸熟了吃，以「資其性命，養其軀體，益其精神」㊿。他看宋儒比漢儒要高一籌了。他說：「逮于近世，爲漢學者，其蔽益甚，其識益陋。其所挾，惟取漢儒破碎穿鑿謬說，揚其波而汨其流，抵掌攘袂，明目張膽，惟以詆宋儒、攻朱子爲急務。要之，不知學之有統，道之有歸，聊相與逞志快意，以鶩名而已。」㉛「詆漢」之措辭也是相當激烈。但總的看，清前期和中期的學術界，宋學不敵漢學，佔優勢的還是以經世致用爲旨歸的實學和考據學即樸學的天下。

# 七

中國學術的考據傳統發源甚早。漢之經注，唐之義疏，都離不開考據。而考據的前提是要有訓詁的基礎，所以傳統的圖書分類方法，經部之下常附以小學。清儒的常談，是讀書必先識字。在這點上，宋儒留下了遭詬病的口實。清代漢學家提出由宋返漢的口號，實包含有對宋儒治學方法的不以爲然的意思。

錢大昕說：「窮經者必通訓詁，訓詁明而後知義理之趣。後儒不知訓詁，欲以向壁虛造之說求義理所在，夫是以支離而失其宗。」㉜又說：「聖人之言，因其言而求其義，則必自訓詁始。謂訓詁之外別有義理，如桑門以不立文字爲最上乘者，非吾儒之學也。」㉝陸王譏朱熹「支離」，清儒攻宋儒「支離」，如果朱熹目睹清儒的考證方法，更有理由認爲是「支離」而又「支離」了。錢大昕聲稱訓詁之外便沒有義理的存在，這未免太武斷了。其實宋儒何嘗不懂得訓詁，只不過爲學次第有所輕重罷了。朱熹的學問無論在義理方面還是在訓詁方面都堪成一流。當然就一代學術的總體成就而言，清代的考據學確實是前無古人，也可以說是後無來者的。乾嘉巨子把古代典籍翻了一個過，作了一次總檢查，他們中的一些人真正把學術當作了一種職業。梁啓超強調盛清諸大師爲學問而學問的態度，稱讚他們能夠做到「治一業終身以之，銖積累寸，先難後獲，無形中受一種人格觀感，使吾輩奮興向學」㉞，無疑是直中肯綮之論。因此認真說來，清中葉的主流學風和宋代的主流學風的確有所不同，學術史上的漢宋之爭，不是空穴來風，而是淵源有自。

梁啓超把盛清學者的學風概括爲十大特點：（一）凡立一義，必憑證據；無證據而以臆度者，在所必擯。（二）選擇證據以古爲尙。（三）孤證不爲定說。（四）隱匿證據或曲解證據，皆認爲不德。（五）喜歡羅列同類事項，作比較的研究，以求得公則。

（六）採用舊說，必明引之，抄說認為大不德。（七）所見不合，則相辯詰，雖弟子駁難本師，亦所不避，受之者從不以爲忤。（八）辯詰以本問題爲範圍，詞旨務篤實溫厚，雖不肯枉自己意見，同時仍尊重別人意見。有盛氣凌轢，或支離牽涉，或影射譏笑者，認爲不德。（九）專治一業，爲窄而深的研究。（十）文體貴樸實簡潔，忌言有枝葉。㊺如果把第二條的「以古爲尚」改爲或理解爲重視原始證據，任公先生概括的清學的這些特點，置諸百年後的今天，仍有其匡正學風的價值，不僅完全適用於今天的學術界，而且應該成爲以學術爲職業的學人們理應遵循的學術規範。

我們現在所缺少的正是清儒的這種學問精神。

我們有理由說，清中葉的學風和治學方法中，似乎已經開始有了現代學術思想的一些萌芽。這就是爲什麼五四前後受西學影響很深的一批現代學人，用新的方法解讀中國古典，都強調科學的考據，甚至在治學方法上不自覺地要回到乾嘉去。這不是學術的倒退，而是有淵源的出新。同樣，清儒以「由宋返漢」相標幟，也不能認爲是倒退，而是以古爲新的策略。

# 第三章　多元並立的中國傳統學術

## 八

多元並立是中國傳統學術的特點；不同學術思想與流派之間不管爭論得怎樣激烈，總是以相互吸收為條件；不是由於儒家思想的保守性使得傳統社會的發展受到阻滯，而是傳統社會各種學術思想的多元制衡形成的表面張力，減緩了中國古代社會結構變易與更新的速度；把做學問和做人結合起來，是中國學術的固有傳統；以人為中心還是以學為中心，是傳統學術和現代學術的一個分界點。

我們通過對中國傳統學術思想隆替嬗變過程的大體梳理，可以看到一種現象，即學術思潮的生成和發展，總是到得巔峰就跌落下來；研究的人愈多，離學說原創的宗旨愈遠；流行於全社會，全社會即與之疏離。正如黃梨洲所說：「學問之事，析之者愈精，逃之者愈巧。」[56]《紅樓夢》裏一位乖巧姑娘的話：「天下沒有不散的筵席」，沒想到在這人煙稀少的學術史領域也能夠得到驗證。

當然學術思想的消長聚散不同於別的事物，即便體現共同旨趣的學術群體瓦解了，所主張的學術思想處於極度的低潮，甚或被世人冷落，只要是曾經流行於世的學術思想，便不會驟然寂滅。代之而起的學術思想，總是以融匯前行者的思想資源為特徵的。所謂經學的今古文之爭、漢學與宋學之爭、朱陸異同之辨，不管爭論得如何激烈，都是以相互吸收滋養為條件的。因此就學術本身的發展而言，不同歷史時期的學術思想之間，常常遠親近緣，後果前因，此起彼伏，互相勾連。最明顯的是長時間成為中國傳統社會學術主潮的儒、釋、道三家，如前所說，彼此表現為不能並立固然是它們存在的一種形態；互相吸收、彼此妥協、三教合流，更是它們常在的存在形態。歷史上各種學術思想流派之間的對立，與其說是思想與學術的對立，不如說是與此種思想和此種學術相關連的學人之間的對立更具有實在性。社會化了的人的頭腦比學術思想本身複雜得多，學術思想常常受學術以外因素的牽擾。張載《正蒙·大和篇》裏的四句話：「有象斯有對，對必反其為；有反斯有仇，仇必和而解。」㊼用這四句話解釋不同學術思想之間的隆替與變遷，同樣可以找到契合之處。

中國傳統社會學術思想的多元並立，是一個不容忽視的特點，它其實根源於一種哲學理念，即《中庸》裏說的：「萬物並育而不相害，道並行而不相悖。」而這種多元並立的表現形式則多種多樣。就以儒家思想、道教思想和佛教思想三者的關係爲例，它們在傳統社會長期並存之事實本身，已經是學術思想多元化的一種表現。漢以後儒家的地位上升，長時間裏基本上成爲占統治地位的思想，可是在單純的學術思想領域，道教思想和佛教思想的影響絲毫沒有示弱。陳寅恪先生對此有極深刻的論述，他在給馮友蘭的《中國哲學史》所寫的審查報告中寫道：

> 二千年來華夏民族所受儒家學說之影響，最深最鉅者，實在制度法律公私生活之方面，而關於學說思想方面，或轉有不如佛道二教者。58

就是說佛教和道教的思想，並不因爲沒有成爲占統治地位的思想而減弱它的影響力。所以如此，是由於在中國傳統社會裏自始至終存在著完整的民間社會。在民間，佛道兩家是相當有市場的。

換句話說，中國傳統社會的學術思想有在朝在野之分，這是多元並立的又一種表現形態。同是儒學脈系的學術思想，也有在朝在野之分。如前所述，朱子學早就成了官學，陽明學則未被官方認可，影響的主力主要在士林。在朝的思想即居於統治地位的思想，理論上應該居於優勢，實際上又不盡然。孔子很早就說過：「禮失，求諸野。」此一命題的意思，是說當一種社會制度已經分崩離析、行將解體的時候，統治者原來選擇的維繫既定社會制度的禮法秩序及其思想體系，就失去了維繫力，或如春秋時期的「禮崩樂壞」，或如明清之際的「天崩地解」。但在朝廷找不到的禮俗，民間還可以找到。何況中國古代一直有民間辦學的傳統，學術思想在民間的傳衍，比經由官方的管道更加暢通無阻。「學在民間，道在山林」，是傳統士人的常談。民間社會的存在，使處於弱勢的各家各派的學術思想有了自我立基的社會依託物。

具體到傳統社會裏一個有文化根基的官員或知識分子，他身處朝野經常互位、多元並立的文化環境中，所受文化薰陶和學術思想的影響，一般也是多元的。至少一個人生平的不同時期，遭遇的不同境遇，對儒釋道各家思想的選擇和吸收是有區別的。儒家思想有利於進取，是處身順境的支撐力量。但儒家思想本身，也不是完全沒有處窮應變的勢能，所謂「達則兼濟天下，窮則獨善其身」者就是。「獨善」與「兼濟」這兩個對應概念，已給傳統士人立身處世以極大的迴旋餘地。而道家和道教的思想則適合於逆境或賦閑，可以成爲命途多舛者的精神食糧。佛教思想特別是後來的禪宗，更是人生經歷大挫折的精神安頓劑。生活在傳統社會裏的知識分子，不論順逆、榮辱、升沈、進退、顯隱，都可以從各種固有學術思想中獲取適合於自己現時處境的精神資源。在這點上，他們有足夠的自我精神空間。他們從不缺少內在的自由。

權力擁有者可以持一元的態度對待知識分子，知識分子卻可以用多元的態度對待權力者。這樣交錯運行的結果，個體生命的精神可以在多元學術的背景下達至平衡，社會的精神氣候也可以在多元文化（尤其在民間社會）的背景下達至平衡。不是如有的論者所說，由於儒家思想具有保守性使得傳統社會的發展受到了阻滯，而是傳統社會各種思想的多元制衡所形成的表面張力，減緩了中國古代社會結構變易和更新的速度。

## 九

由此我們看到了影響中國學術思想生成、衍化、嬗變、變異的諸多方面的因素。要之有五個方面的因素在發揮影響作用：第一、首先是學術思想內部的相生相剋之態，這是學術發展的內在理路；第二、社會結構和風俗習慣的影響，這涉及到朝野即官府和民間的互動問題；第三、政治權力的槓桿常常撥亂其間，使學術思想在自由和不自由之間顛簸起伏；第四、地理與人文環境，也是影響學術發展的重要因素；第五、還有學者個人的家學與才性，也關乎學術的品格。

此五種勢因，每一種都試圖按照自己的特殊意志選擇學術的方向。

按照學術發展的內在理路，勢必走向學術獨立的道路，但這條路在中國傳統社會型態的框架下是走不通的。社會結構和風俗習慣，則要求學人顧及家國的利益，無論在朝在野都應以學以致用爲旨歸，因此強調「經世致用」始終是傳統學術的一個不間斷的傳統。政治權力的槓桿，則儘量把學術引向爲權力者短視意圖服務的途徑，其結果是給學術戴上枷鎖，使學術失卻本性，學人不得不帶著鐐銬跳舞。至於地理人文環境對學派和學術風格的形成所具有的影響作用，更爲學人所樂道。中國學術向有以地望名學的傳統，蓋本乎此。如宋學之濂（周敦頤，濂為水名）、關（張載，關中人）、洛（程顥、程頤，河南人）、閩（朱熹及其弟子「二蔡」，福建人）的學派分別；清中葉「漢學」之吳派（惠棟為代表）和皖派（戴震為代表）的區分；以及揚州學派（王念孫和王引之、汪中、焦循、阮元等為代表）和泰州學派等等。誠如章太炎所說：「視天之鬱蒼蒼，立學術者無所因，各因地齊、政俗、才性發舒而名一家。」59 地域人文環境（地齊）的因素，太炎先生沒有忽略。而才性和家學，則決定學者的流品和學術的風貌。

還有政俗一項，影響於學術者也大矣。別的不說，單就一定歷史時期的整體學術風氣的形成而言，那一時期的政俗如何，便是直接發生影響的一個因素。每當朝廷內部權力攘奪激烈、思想統制嚴酷、社會黑暗的時候，總有一部分知識分子由於被逼迫無其他路可走，才不得已選擇了潛心學術的寂寞之路，作爲自己爭取生活空間的一種手段。漢之說經流於繁瑣，就中應有宦官與朋黨政爭的背景。東漢「黨錮之禍」受株連者無算，卻成就了何休、鄭玄等曠世大儒。魏晉的玄談以及宋儒的蹈虛說空，不妨也可以看作是他們在尋找言語的空間。而乾嘉諸老的專心考據，自然與清中葉的殘酷文字獄有一定關係。當他們這樣做的時候，客觀上也是往學術獨立的路上移動了小小的一步，哪怕是自己沒有意識到也好。這種情形是學術思想的另一類兌分與變異，研究中國學術思想史者不能不給以格外的注意。

## 十

當然中國傳統儒學的特點，漢以後是與社會制度結合在一起的，它與政治和人倫有天然的親合力，由儒家思想形成的學統，與道統和治統是合一的。集中表現傳統士人的道德與社會理想的修身、齊家、治國、平天下這四組概念，第一組和第二組講的都是關於道德與學問的關係，第三、第四組講的是政治理想和社會擔負。如果我們把「尊德性」和「道問學」分解開來看，後世學者爲學的進境似乎各有側重。比較而言，宋儒「尊德性」多一些，清儒「道問學」的成分比較凸出。中國學術史上的義理與考據之辨，與此一問題亦不無關係。義理之學爲宋儒所提倡，清儒的強項則是考據之學。當然就中國歷代學術所追尋的方向而言，是要把兩者合起來，而不是要它們分離。

中國學術傳統中確有「尊德性」和「道問學」相容不悖的特點。而且要求把做學問和做人合起來，甚至把做學問最後歸結爲做人。所以當品評或褒獎一個人的時候，常常並提道德、文章。這是中國學術的一個固有傳統。錢穆先生在論述中國傳統學術特點時曾說：「中國傳統，重視其人所爲之學，而更重視爲此學之人。中國傳統，每認爲學屬於人，而非人屬於學。故人之爲學，必能以人爲主而學爲從。當以人爲學之中心，而不以學爲人之中心。」⑹錢氏所說，誠爲的論。傅斯年也說：「中國學術，以學爲單位者至少，以人爲單位者轉多，前者謂之科學，後者謂之家學。家學者，所以學人，非所以學學也。歷來號稱學派者，無慮數百，其名其實，皆以人爲基本，絕少以學科之別，而分宗派者。縱有以學科不同，而立宗派，猶是以人爲本，以學隸之，未嘗以學爲本，以人隸之。」⑥¹傅氏提出的是以人為單位還是以學為單位的問題，正可以補論錢穆的觀點。

但我們不妨引申為說，提出以人為中心或以人為單位的學術，與以學為中心或以學為單位的學術，它們彼此之間的異同，我們究竟應該怎樣看待？依筆者的看法，我國宋明以前和清前期的學術，基本上都是以人為中心，以人為單位的，因而獨立之學術不可能存在。只有盛清學者的治學精神和治學方法，開始顯示出一種由以人為中心的學術向以學為中心的學術過渡的趨向。不過也只是趨向和過渡而已，真正意識到學術應該有自己的獨立價值，那是到了晚清吸收了西方的學術觀念以後的事情。因為以人為中心還是以學為中心，以人為單位還是以學為單位，是傳統學術和現代學術的一個分界點，由前者過渡到後者是一個長期蛻分蛻變的過程。

# 第四章　域外思想的引進與學術變遷

## 一

域外思想的引進和由此引發的化分化合的過程，是中國學術思想隆與替變異的重要因緣，自然也是傳統學術走向現代的動因；晚清新學是傳統學術向現代學術轉變的過渡期，它的一個脈系是直承清學中的今文學派而來的「政治化新學」，以康有為為代表；另一脈系的代表是嚴復，以譯介輸入西方學術思想為職事，可視做「啓蒙派新學」。

中國學術思想的隆替與變異還有另外一因，即外來學術思想的引進和由此產生的化分化合的過程。華夏文化的一個重要特徵，是它的包容性、不排外性。由此種文化鑄成的中國人的文化性格，也是不排外的。不僅交通發達的通都大邑，就是與外界隔絕的窮鄉僻壤，也具有積極吸收異質文化的本能。中國歷史上幾次大的學術思想變遷，都與外來思想的刺激有直接關係。

王國維在論述外界勢力影響學術之大勢時，這樣寫道：

外界之勢力影響於學術豈不大哉？自周之衰，文王周公勢力之瓦解也，國民之智力成熟於內，政治之紛亂乘之於外。上無統一之制度，下迫於社會之要求，於是諸子九流各創其學說，於道德、政治、文學上燦然放萬丈之光焰，此為中國思想之能動時代。自漢以後，天下太平，武帝復以孔子之說統一之。其時，新遭秦火，儒家唯以抱殘守缺為事，其為諸子之學者，亦但守其師說，無創作之思想，學界稍稍停滯矣。佛教之東，適值吾國思想凋蔽之後。當此之時，學者見之，如饑者之得食，渴者之得飲。擔簦訪道者接武於蔥嶺之道，翻經譯論者雲集於南北之都。至六朝至於唐室，而佛陀之教，極千古之盛矣。此為吾國思想受動之時代。然當是時，吾國固有之思想與印度之思想互相並行而不相化合。至宋儒出而一調和之，此又由受動之時代出而稍帶能動之性質者也。自宋以後以至本朝，思想之停滯略同於兩漢。至今日，而第二之佛教又見告矣——西洋之思想是也。(62)

王氏此論，是對整個中國學術嬗變規律的一種概括，但他的著眼點在外緣的因素對學術的影響，特別是異國學術思想所起的影響作用。「能動」、「受動」之說的提出，說明他在追尋學術思想發生、嬗變的動因。他的初意，顯然更讚賞學術思想的能動時代，所以極力表彰晚周學術之光焰燦爛，對帶有能動性質之宋學也給予高度評價。在另一處他也曾寫道：「故天水一朝，人智之活動與文化之多方面，前之漢唐，後之元明，皆所不逮也。」[63]這對宋代的學術思想的評價，是很高的。陳寅恪也說：「華夏民族之文化，歷數千載之演進，造極於趙宋之世。」[64]又說：「天水一朝之文化，竟爲我民族遺留之瑰寶。」[65]宋代是儒、釋、道三家思想大合流的歷史時期，文化的原創性很強，史學、理學、金石學、藝術、科技，均有重要的發現與發明，說是帶有能動的特點，固是事實。

但受動時期往往隱發著學術思想的大變遷，王國維同樣極爲看重，觀其上述對佛教東傳之盛的描繪就可以知道。但王氏身處晚清之社會現實，他尤其看到了「第二之佛教」即西洋之思想東來對促進中國傳統學術走向現代的重大意義。

## 二

這裏有一個對晚清新學的評價問題。

晚清新學是直承清學中的今文學派而來的。本來中國學術史上的經今古文學之爭，東漢以後已告平息，何以清代又起波瀾？始作俑者是一個叫莊存與的人，他與戴震同時，處「漢學」之吳、皖二派風頭正健之世，而獨闢蹊徑，重建今文經學的學術理念，不以訓詁箋注爲能事，轉而求「先聖微言大義於語言文字之外」[66]。他爲學的特點，阮元在《莊方耕宗伯經說序》中作了如下的說明：「《易》則貫串群經，雖旁涉天官分野氣候，而非如漢宋諸儒之專衍數術、比附史事也；《春秋》則主公羊、董子，雖略采左氏、谷梁氏及宋元諸儒之說，而非如何邵公所譏信經任意、反傳違戾也；《尙書》則不分今古文文字同異，而剖析疑義，深得夫子序《書》、孟子論世之意；《詩》則詳於變雅，發揮大義，多可陳之講筵；《周官》則博考載籍，有道術之文爲之補其亡缺，多可取法致用；《樂》則譜其聲，論其理，可補古《樂經》之缺；《四書說》敷暢本旨，可作考亭諍友，而非如姚江王氏、蕭山毛氏之自闢門戶，輕肆詆詰也。」[67]特別是他的《春秋正辭》一書，提出：「《春秋》治亂必表其微，所謂禮禁未然之前也。凡所書者有所表也，是故《春秋》無空文。」[68]這與漢代今文經學的強調「微言大義」同一機杼。

莊存與是江蘇武進（今常州市）人，說來他的經歷頗具傳奇性。他自幼聰穎，讀書一目數行。十二歲時，因地震埋於屋牆之中，家人掘土五尺，方救出；但耳目閉塞，過了很長時間才能說話。年長的人因此都說他將來必成大器。果然二十六歲（乾隆十年、西元一七四五年）考中了一甲第二名進士，做了幾任主考和學政後，升至禮部侍郎。他的書齋裏有一幅很特別的對聯：「玩經文，存大體，理義悅心；若己問，作耳聞，聖賢在坐。」對聯多少帶有一點理學氣。他人生的興趣，在學不在官。他爲清代今文學開了風氣。繼他而起的劉逢祿，是他的外孫，十一歲時莊存與就看出，這位孫兒日後「能傳其學」。劉三十八歲（嘉慶十九年、西元一八一四年）考中進士，授翰林院庶吉士，著述豐碩且服膺前漢今文學的態度甚堅。他在其所著《尙書今古文集解》中寫道：

> 傳《春秋》者，雖人人殊，然公羊所傳最正。五傳漢景帝時，與其弟子胡毋子都，共垂竹帛。是時，大儒董仲舒，下幃三年講貫，此學大興。然及東漢之末，鄭眾、賈逵之徒，曲學阿世，煽劉歆之毒焰，鼓圖讖之妖氛，此學之命脈幾絕。幸有任城何休，學識卓絕，尋董胡之緒，補嚴顏之缺，此學復明。及晉，異學爭鳴，杜預范寧，吹死灰而期複燃，溉朽壤而成樹藝。[69]

此可見劉逢祿承繼漢代今文學之餘緒而謀求振興的學術自覺。東漢的何休著有《春秋公羊解詁》，劉氏尤專注何休之學，撰《公羊何氏解詁箋》、《公羊何氏釋例》等書，發揮何休的所謂「非常異義可怪之論」[70]，大張今文學的旗幟。而莊存與的侄孫宋翔鳳（與劉逢祿同年），也是經今文學的擁護者，與劉逢祿一起倡公羊《春秋》，反對古文經學。清代今文學的「常州學派」就這樣形成了。

## 一三

龔自珍和魏源的出現，使清代的今文學派在思想界真正成了氣候。

龔自珍是浙江任和（今杭州市）人，生於乾隆五十七年（西元一七九二年），外祖父是鼎鼎大名的研究《說文解字》的大儒段玉裁。不過他在學問上走的可不是外祖父的路子，年輕時就撰有《乙丙之際著議》和《塾議》多篇，發表對學理和時政的看法，其中「自改革」主張的提出，尤爲當時後世所注意。他說：「一祖之法無不敝，千夫之議無不靡，與其贈來者以勁改革，孰若自改革。」[71]對江藩的《國朝漢學師承記》，他直接致函給江，闡述「十不安」的理由，認爲應改「漢學」爲「經學」，方能切題[72]。

一八二〇年龔自珍二十八歲時赴北京應試不第，有了跟隨劉逢祿學習公羊學的機會。他很敬重這位以今文學名世的老師，寫詩說：「昨日相逢劉禮部，高言大句快無加。從君燒盡蟲魚學，甘作東京賣餅家。」⑬後來祖述師說而有所發明的《春秋決事比》成書，又有詩紀念：「端門受命與雲礽，一派微言我敬承。宿草敢祧劉禮部，東南絕學在毗陵。」詩後有注：「年二十有八，始從武進劉申受（劉逢祿字申受——筆者注）受《公羊春秋》。近歲成《春秋決事比》六卷，劉先生卒十年矣。」⑭

龔自珍是一位充滿激情、有風骨有抱負、時代擔負感很強的知識分子，他一生為學和關注的問題，早已超出了傳統今文學派的範圍。魏源在《定庵文錄敘》中寫道：「於經通公羊春秋，於史長西北輿地。其文以六書小學為入門，以周秦諸子吉金樂石為崖郭，以朝章國故世情民隱為質幹。晚尤好西方之書，自謂道深微雲。」⑮應為知者之言。龔自珍與林則徐頗相得，主張禁鴉片、抵禦列強侵略。他還有預見性地提出把新疆建為行省。他的詩寫得也很清新。「九州生氣恃風雷，萬馬齊喑究可哀。我勸天公重抖擻，不拘一格降人才。」⑯就是他的膾炙人口的名作。不妨再看另一首：

不是逢人苦譽君，亦狂亦俠亦溫文。

照人膽似秦時月，送我情如嶺上雲。[77]

同樣雋永清新。實際上他是當清王朝開始走下坡路、國勢頹危之際較早覺醒的啓蒙學者。可惜他壽命不永，五十歲的盛年就因暴疾而終。

魏源是湖南邵陽人，生於乾隆五十九年（西元一七九四年），二十歲時嘗在京城向劉逢祿學《春秋公羊學》，因得以與龔自珍相識，兩個人探求改革的思想頗爲相同。五十一歲考中進士，以知府的名分在江蘇興化、高郵一帶做官。他爲學不泥、論治明通，而其旨歸則在於經世致用，使國家危殆不振的狀況有以改變。他說：「天下無數百年不弊之法，無窮極不變之法，無不除弊而能興利之法，無不易簡而能變通之法。」[78]他強烈反對只知背誦先賢往聖的書本而不顧及新的經驗的「庸儒」，說「君子之爲治也，無三代以上之心則必俗，不知三代以下之情勢則必迂。讀父書者不足與言兵，守陳案者不足與言律，好剿襲者不可與言文；善琴弈者不視譜，善相馬者不按圖，善治民者不泥法。無他，親歷諸身而已。讀黃、農之書，用以殺人，謂之庸醫；讀周孔之書，用以誤天下，得不謂之庸儒乎？靡獨無益一時也，又使天下之人不信聖人之道。」[79]對兩漢經今古文的態度，他明顯傾向於今文，其所作《兩漢經師今古文家法考敘》寫道：

今世言學，則必曰東漢之學勝西漢，東漢鄭、許之學綜六經。嗚呼！二君惟六書、三禮並視諸經為閎深，故多用今文家法。及鄭氏旁釋易、詩、書、春秋，皆創異門戶，左今右古。其後鄭學大行，浸淫遂至易亡施、孟、梁丘，書亡夏侯、歐陽，詩亡齊、魯、韓，春秋鄒、夾、公羊、穀梁，半亡半存，亦成絕學。纖緯盛，經書術卑，儒用絀。晏、肅、預、謐、賾、之徒，始得以清言名理並起持其後，東晉梅賾偽古文書遂乘機竄入，並馬、鄭亦歸於淪佚。西京微言大義之學，墜於東京，東京典章制度之學，絕於隋唐，兩漢故訓聲音之學，熄於魏晉。其道果孰隆替哉？且夫文質再世而必復，天道三微而成一著。今日復古之要，由訓詁、聲音以進於東京典章制度，此齊一變至魯也；由典章、制度以進於西漢微言大義，貫經術、故事、文章於一，此魯一變至道也。[80]

魏源所持的今文經學的立場是很堅定的。但他對今文學派亦有分析，頗同感於《漢志》所言西漢儒生「碎義逃難，便詞巧說」之敝，說：「非盡東漢古文家敝之，乃今文家先自敝也。」[81]並舉後來對《四子書》的解釋流爲俗學爲例，認爲學術之敝乃敝於利祿，學派之間互相攻訐的結果，使「今古文兩敗俱傷」[82]。此又可見其承繼今文學而又超越今文學的治學特點。他的大著《海國圖志》的撰寫，尤能見出他維護國家民族的利益、渴求瞭解外域狀況的近代思想。他的傳世名言是：「師夷長技以制夷。」⑻總之龔、魏之學，已不在學術本身。換言之，他們的今文學，重點在「今」，而不在「經」。梁啓超所論極是：「今文學之健者，必推龔、魏。龔、魏之時，清政既漸陵夷衰微矣。舉國方沈酣太平而彼輩若不勝其憂危，恒相與指天畫地，規天下大計。考證之學，本非其所好也，而因衆所共習，則亦能之。能之而頗欲用以別闢國土，故雖言經學，而其精神與正統派之爲經學而治經學者則既有以異。」⑻又說：「後之治今文學者，喜以經術作政論，則龔、魏之遺風也。」⑻

## 一四

乾嘉之後的清學已呈今文學派往晚清新學轉變的趨勢。梁任公所謂「喜以經術作政論」的「後之治今文學者」，主要指的是他的老師康有爲。康有爲是清代今文學派的集大成者。不過康氏喜爲獨斷之學，除了受廖平的影響，師承並不明顯。他的主要打擊對象是劉歆，目的是托古改制，爲變革維新作學術思想的準備。結果思想準備成功了，政治變革失敗了。

儘管如此，康有爲在晚清思想界的影響卻不可低估。被梁啓超稱之爲「思想界之一大颶風」的康著《新學僞經考》，「新學」二字原指東漢新莽之學，易世誤讀的結果，竟變成了流行於晚清的普泛新學的同義語。實際上倒也沒錯，平心而論，晚清新學的第一號領袖人物當然非南海先生莫屬。梁啓超《清代學術概論》對康的評價頗具史筆，他寫道：

> 今文學運動之中心，曰南海康有為，然有為蓋斯學之集成者，非其創作者也。有為早年，酷好《周禮》，嘗貫穿之著《政學通議》，後見廖平所著書，乃盡棄其舊說。廖平者，王闓運弟子；闓運以治《公羊》聞於時，然故文人耳，經學所造甚淺；其所著《公羊箋》，尚不逮孔廣森，平受其學，著《四益館經學叢書》十數種，頗知守今文家法；晚年受張之洞賄逼，復著書自駁，其人固不足道，然有為之思想，受其影響，不可誣也。有為最初所著書曰《新學偽經考》，「偽經」者，謂《周禮》、《逸禮》、《左傳》及《詩》之毛傳，凡西漢末年劉歆所力爭立博士者；「新學」者，謂新莽之學。時清儒誦法許、鄭者，自號曰「漢學」，有為以為此新代之學，非漢代之學，故更其名焉。《新學偽經考》之要點，一、西漢

經學，並無所謂古文者，凡古文皆劉歆偽作；二、秦焚書，並未厄及六經，漢十四博士所傳，皆孔門足本，並無殘缺；三、孔子時所用字，即秦漢間篆書，即以「文」論，亦絕無今古之目；四、劉歆欲彌縫其作偽之跡，故校中秘書時，於一切古書多所羼亂；五、劉歆所以作偽經之故，因欲佐莽篡漢，先謀湮亂孔子之微言大義。諸所主張，是否悉當，且勿論，要之此說一出，而所生影響有二：第一、清學正統派之立腳點，根本搖動；第二、一切古書，皆須從新檢查估價；此實思想界之一大颶風也。有為弟子有陳千秋、梁啟超者，並夙治考證學，陳尤精治，聞有為說，則盡棄其學而學焉。《偽經考》之著，二人者多所參與，亦時時病其師之武斷，然卒莫能奪也。實則此書大體皆精當，其可議處乃在小節目，乃至謂《史記》、《楚辭》經劉歆羼入者數十條，出土之鍾鼎彝器，皆劉歆私鑄埋藏以欺後世。此實為事理之萬不可通者，而有為必力持之。實則其主張之要點，並不必借重於此等枝詞強辯而始成立。而有為以好博好異之故，往往不惜抹殺證據或曲解證據，以犯科學家之大忌，此其所短也。有為之為人也，萬事純任主觀，自信力極強，而持之極毅。其對於客觀的事實，或竟蔑視，或必欲強之以從我。其在事業上也有然，其在學問上也亦有然。其所以自成家數崛起一時者以此，其所以不能立健實之基礎者亦以此，讀《新學偽經考》而可見也。[86]

梁啓超初從師說，自然也是今文一派，但學術思想的分野甚明，我們從上述對乃師的評價上已見端倪。而學術立場，雖同爲晚清新學翹楚，康是經學，梁是史學，旨趣各異。真正宗今文學而知家法的是井研廖季平。

廖平（字季平）生於咸豐二年（一八五二年），三十七歲中進士第（一八八九年），自請爲龍安府教授，未受其他官職。終生以著述爲業，嘗師事王湘綺，與當時任四川學政的張之洞亦有較密切的往還。所著《辟劉篇》、《知聖篇》直接啓示康有爲《新學僞經考》和《孔子改制考》兩書的寫作[87]。其入室弟子有蒙文通者，學脈互相接緒而沒有流於「以經術作政論」一途[88]。但廖氏處身於吾國思想文化的轉型時期，知家法而不能守家法，所治之經學一生數變，新環境之下治舊學，已是舊中有新了。

戊戌之後，梁啓超與乃師分道揚鑣，成爲新史學的開山。康有爲《新學僞經考》、《孔子改制考》掀起的「颶風」、「火山」，在另一方面，又開了疑古派史學的先河。

## 一五

正因爲如此，王國維在評價晚清新學的時候才有所保留。

王的思想來源，早期醉心於西方哲學和美學，特別是叔本華和康得的哲學，對吸收外來思想以爲我用具有理性的自覺。後來在羅振玉的影響下轉而研究古史，走的是實證派史學的道路，與疑古思潮大異其趣。但王氏對外來思潮之影響中國學術，極爲重視，如前所述，他曾用第二次佛教東傳來比喻晚清的西學東漸，自是深識通變之言。實際上，從龔、魏到康有爲的由今文學發展爲新學的運動，確實是在外來思潮的影響下或至少是受其刺激下，形成規模的。

只不過同爲接受外來思潮的影響，結果卻不同：今文學派與現時政治相接引，倡導者化爲實地的革命者；另外一些受西學影響的學人包括王國維，則成爲現代思想啓蒙的先驅。梁啓超亦稱清初以顧炎武爲代表的學術思潮爲啓蒙期，但那是就一種單一的學術思潮發展段落的劃分而言。晚清的具有新的人文內涵的思想啓蒙運動實受動於西學東漸，建有實績的早期啓蒙者應該首推侯官嚴復，他是第一個系統介紹西方學術思想的人。

十九世紀末，有哪一本著作能夠像嚴譯《天演論》那樣給知識界帶來如此巨大的激動與興奮？「赫胥黎獨處一室之中，在英倫之南，背山而面野。檻外諸境，歷歷如在几下。乃懸想二千年前，當羅馬大將凱撒未到時，此間有何景物？計惟有天造草昧，人功未施。其借征人入境者，不過幾處荒墳，散見坡陀起伏間，而灌木叢林，蒙茸山麓，未經刪治如今日者，則無疑也。」⑧⑨。這段著名的《天演論》的開場白，五四前後一代知識分子許多人都能背誦。《天演論》正式印行於一八九八年，隨後又有《原富》、《群學肄言》、《群己權界論》、《社會通詮》、《法意》、《名學》、《名學淺說》等相繼出版。一九三一年商務印書館印行的「嚴譯名著叢刊」八種，涵蓋了嚴譯的主要部分。如果說康有爲的《僞經考》和《改制考》是晚清思想界的「颶風」和「火山」，那麼嚴譯《天演論》等西方名著對思想界的衝擊，更具有「潤物細無聲」的恒在力量。

「物競天擇，適者生存」——沒有另外的語言像嚴譯《天演》的這句名句，能夠直接道出晚清知識分子的群體心聲。王國維接觸西學，最初也是受嚴譯的影響。包括陳寅恪的尊人陳三立也對嚴譯讚美有加⑨⓪。嚴譯使用的是意譯的方法，而且時有己意參與其中，因此在一定意義上可以視爲著述。此外還有林紓的翻譯，其對文學思想和文學創作的衝擊，亦足可與嚴譯相頡頏。西方學術思想介紹到我國的歷史，撇開佛教東傳，可以追溯到十六世紀第一批傳教士來中國，但當時介紹過來的主要是天文曆算、輿地測繪、農田水利和力學方面的一些書籍，以及還有後來譯介的時務書、製造書等等。對帶有形上性質的學術思想的集中介紹，還是始於嚴復。

因此晚清之新學實有兩個脈系：一是由傳統今文學轉化而來的趨於政治化的新學，以康有爲爲代表；一是以直接譯介、輸入西方學術思想爲職事的啓蒙派新學，以嚴復爲第一號翹楚。前者把目光放在朝廷上，熱衷於現實政治秩序的變革，學術思想不過是達致政治目的之手段；後者著眼於知識階層，希望通過傳播新的學術思想來推動民衆的精神覺醒。前者與洋務派起點不同，歸宿全同；後者與洋務派的指導思想自始自終判然有別。洋務派最著名的口號是「中學爲體，西學爲用」，康有爲對此是認同的；嚴復則創造性地提出「自由爲體，民主爲用」(91)。前者名爲新學，新中有舊；後者在狂熱涉獵歐西之後，許多人重新又回歸到傳統，有的甚至成爲思想上的守舊者，但論學論治舊中依然有新。前者發動的政治變革失敗以後，學術思想也隨之流產；後者提出的，則是整個二十世紀都不曾作完的思想課題。

# 第五章 傳統學術向現代學術轉變：甲骨學和敦煌學

## 一六

中國傳統學術向現代學術轉變，有兩大意外的契機，即甲骨文字的發現和甲骨學的建立以及敦煌遺書的發現和敦煌學的建立；疑古學派的出現，本來是傳統學術走向現代的重要一步，但在甲骨學、敦煌學新發現面前，它遇到了巨大的挑戰，簡直足以拆毀其賴以建立的根基；中國現代學術奠基人的角色是由王國維扮演的，他的學術創獲尤得力於清末的學術新發現。

王國維對晚清新學的評價雖有所保留，卻沒有採取簡單地予以抹煞的態度。他對清代學術的歷史銜接意義極爲重視。不錯，他確實說過近代學術多發端於宋人，而且認爲宋以後至清朝，是我國思想的停滯期。宋代學術的總體成就是我國學術文化的最高峰，王、陳有幾近相同的論述，前已略及。所謂近代學術多發端於宋人的判斷，實際上他主要是指金石學而言。因爲晚清之際，金石學特別發達，其源頭應追溯到宋朝。誠如王國維所說：「金石之學，創自宋代，不及百年，已達完成之域。」92又說：「宋人於金石、書畫之學，乃陵跨百代。近世金石之學復興，然於著錄、考訂，皆本宋人成法，而於宋人多方面之興味，反有所不逮。故雖謂金石學爲有宋一代之學，無不可也。」93這說得再明確不過。

至於清學的演變過程及其特點，王氏曾有過專門論述，其中寫道：

我朝三百年間，學術三變：國初一變也，乾嘉一變也，道咸以降一變也。順康之世，天造草昧，學者多勝國遺老，離喪亂之後，志在經世，故多為致用之學。求之經史，得其本源，一掃明代苟且破碎之習，而實學以興。雍嘉以後，紀綱既張，天下大定，士大夫得肆意稽古，不復視為經世之具。而經史小學專門之業興焉。道咸以降，途轍稍變，言經者及今文，考史者兼遼金元，治地理者逮四裔，務為前人所不為，雖承乾嘉專門之學，然亦逆睹世變，有國初諸老經世之志。故國初之學大，乾嘉之學精，道咸以降之學新。94

評價公允而恰切。用一「大」字概括清初學術、用「精」字概括乾嘉漢學、用

「新」字概括晚清之學，可謂一字不易。他接下去並舉出清學的三個代表人物，清初的顧炎武，「以經世爲體，以經史爲用」[95]；乾嘉的戴震和錢大昕，「以經史爲體，而其所得，往往裨於經世」[96]。王國維本人，不用說是最能認同於東原（戴震字東原）、竹汀（錢大昕號竹汀居士）之學的。

問題是如何看待晚清新學之「新」。

對龔、魏今文學之「新」，王國維採取理解同情的態度，認爲是「時勢使之然」[97]，但具體評價不無微辭：「道咸以降，學者尚承乾嘉之風，然其時政治風俗已漸變於昔，國勢亦稍稍不振，士大夫有憂之而不知所出，乃或托於先秦、西漢之學，以圖變革一切。然頗不循國初及乾嘉諸老爲學之成法，其所陳夫古者，不必盡如古人之真，而其所以切今者，亦未必適中當世之弊，其言可以情感而不能盡以理究。」[98]這段話中，「頗不循國初及乾嘉諸老爲學之成法」一語，特別值得我們注意，因爲站在學術史嬗變的角度，這是非常有重量的批評。而「可以情感而不能盡以理究」的指陳，似對其學術含量亦存懷疑。但同時也說造成這種情況是「時勢使之然」，他並不想過分苛責前賢。

那麼清初及乾嘉的學術傳統，晚清是不是就沒有承繼之人呢？其實有，這個人應該是孫詒讓。孫字仲容，浙江瑞安人，生於一八四八年（道光二十八年），卒於一九〇八年（光緒三十四年）。終生爲學，著述極豐。其在古籍整理、目錄校勘和古文字學方面獲得的成績，有盛清學者所不逮者。《周禮正義》八十六卷，是孫詒讓用近三十年的時間完成的一部大著，梁啓超稱之爲「清代新疏之冠」[99]；而積十年之功撰著的《墨子閒詁》，更是「自有墨子以來未有此書」[100]，梁任公稱之爲「識膽兩皆絕倫」[101]。不過王國維特別屬意的，則是沈曾植即沈乙庵先生。沈字子培，乙庵其號，浙江嘉興人，生於一八五一年，比孫詒讓小三歲。沈在晚清是亦政亦學的人物，歷任贛、皖按察使、提學使等職；康有爲上書、開辦強學會，他極力支持；戊戌百日維新之際應張之洞聘主講兩湖書院；一九一七年張勳擁溥儀復辟，亦參與其事。但他的舊學根底實在非比尋常，經、史、音韻、訓詁、刑律，以及西北史地、佛道書畫等等，凡所接觸的領域，均有卓識與創獲。所著《海日樓詩》、《曼陀羅寱詞》，亦堪稱晚清學人之詩的絕唱。

王國維對乙庵之學給予高度評價，認爲沈氏一生爲學，既通曉國初及乾嘉諸家之說，又廣涉道咸以降的邊疆史地之學，而且「一秉先正成法，無咸逾越」[102]。他稱讚沈氏之學的深博和精要：「其於人心世道之隆汙，政事之利病，必窮其源委，似國初諸老；其視經史爲獨立之學，而益探其奧窔，拓其區域，不讓乾嘉諸先生。至於縱覽百家，旁及二氏，一以治經史之法治之，則又爲自來學者所未及。」[103]就是說，沈曾植的爲學方法體現了治中國學問的通則，「學者得其片言，具其一體，猶足以名一家，立一說」[104]。因此其意義有常理不可估量者。真正大家的學問，必如是。在王國維看來，學者的爲學方法至爲重要。他說：「學問之品類不同，而其方法則一，國初諸老用此以治經世之學，乾嘉諸老用之以治經史之學。」[105]沈乙庵則用此種方法治一切諸學。此種「爲學之成法」無他，就是視學問爲獨立物，而又探其奧窔，窮其原委，「遺世而不忘世」，祈有補於人心世道。在群英會萃的晚清，沈的學問爲新舊各派所傾服，連傲岸不可一世的辜鴻銘都說：「天下之可畏者，只上海寓公沈子培先生耳。」[106]一九二二年沈曾植辭世，王國維所擬之輓聯曰：「是大詩人，是大學人，是更大哲人，四照炯心光，豈謂微言絕今日；爲家孝子，爲國純臣，爲世界先覺，一哀感知己，要爲天下哭先生。」

說開來，沈之方法其實也就是王國維自己的治學方法。這種治學方法既是傳統的，又爲一個現代學人不可不具。王國維甚至把學術和國家的存亡命運聯繫起來，寫道：「國家與學術爲存亡，天而未厭中國也，必不亡其學術。天不欲亡中國之學術，則於學術所寄之人，必因而篤之。」[107]王氏這些話寫於一九一九年，幾令人感到後來的自殺已在此埋下種子。評價的雖是沈寐叟，移來作爲王國維的自評，非常合適。我們感興趣的是，他的這種論文評學而不以時尚爲好惡的學術精神。

不過，靜安之學尤得力於清末的學術新發現。

## 一七

中國傳統學術向現代學術轉變，有兩大意外的契機，這就是甲骨文字的發現和甲骨學的建立，以及敦煌遺書的發現和敦煌學的建立。

甲骨文字的發現並開始引起人們的重視，是在一八九九年，即戊戌政變的第二年。一個叫王懿榮的喜歡金石之學的國子監祭酒，從山東一范姓商人手裏購得一二片刻有奇怪文字的龜甲獸骨，他認出了其中的一些字，知其珍貴；第二年又購得八百多片，其中有一片爲五二字的全甲；隨後又從趙姓商人處購得幾百片。王於是成爲近代歷史上第一位發現並收集甲骨的人[108]。但他不幸死於義和團之亂，他的收藏由其子轉售給《老殘遊記》的作者劉鶚。劉是有心人，委託趙姓商人繼續搜購，終於使自己的收藏達到五千餘片，並於一九〇三年出版《鐵雲藏龜》。與此同時，英國和美國駐山東的傳教士庫壽齡和方法斂，也合夥從商人手中購得大量甲骨，方氏且於一九〇六年出版研究著作《中國原始文字考》。還有日人西村博、加拿大人明義士等，也是早期的甲骨搜購者。而這些甲骨的來源，則是河南安陽的小屯村。

羅振玉曾在劉鶚家裏做家庭教師，《鐵雲藏龜》他曾爲之序，他前後搜集到的甲骨有三萬多片，不僅從商人手裏購得，還叫弟弟去安陽發掘，他自己也曾前往考察。王國維接觸甲骨文字，就是得力於羅振玉的收藏。羅的《殷商貞卜文字考》一九一〇年出版、《殷虛書契考釋》一九一五年出版⑽，奠定了他在甲骨學界的地位。王一九一七年接連發表《殷卜辭中所見先公先王考》和《續考》⑾，把對甲骨文字的辨識與殷商制度的研究結合起來，爲重建殷商信史開闢了道路。另外孫詒讓也是早期研究甲骨的學者，他的《契文舉例》竣稿於一九〇四年、《名原》作於一九〇五年，只不過他辨識的字比較少（**和金文比較考釋的字有一八五個**），所起的作用主要是整理和傳播，深入研究則遠遜羅、王。戊戌政變給由今文學發展而來的政治化的新學劃了一個悲慘的句號，而甲骨文字的發現，則爲一部分學者提供了致力於更純粹更獨立的學術研究的新資料和新領域。

甲骨文字發現的第二年，即一九〇〇年，敦煌石室的寶藏重見天日，其中有兩萬多件卷子，包括佛經、公私文件，以及諸子、韻書、詩賦、小說等。經卷上的文字，除了漢文，還有梵文、藏文、龜茲文、突厥文等。孔子歎爲不足征的殷禮，有了著落。宋儒看不到的古本，如今看到了。學者們認爲這是可以與埃及金字塔相媲美的重大發現。殷虛甲骨文字的發現，有了甲骨學；敦煌遺書的發現，有了敦煌學。兩者後來都成爲二十世紀的國際顯學。然而又不僅此。還有漢晉木簡和內閣大庫檔案[111]，在當時也是極重要的發現。因此王國維稱清末是學術發現之時代。他在〈最近二、三十年中中國新發見之學問〉一文中寫道：「古來新學問起，大都由於新發見。有孔子壁中書出，而後有漢以來古文家之學；有趙宋古器物出，而後有宋以來古器物古文字之學。」[112]清末的上述四大發現中，任何一種都可以與孔子壁中書、汲塚竹簡相抵擋。這些發現，大大拓展了學術研究的學科領域，爲學術起飛作了必要的材料準備，創造了與世界對話的新契機，同時影響到人文社會科學其他學科領域，使得中國現代學術思想在其始建期就呈現出各學科交錯影響的現象。

直承今文學和晚清新學而來的疑古學派的出現，本來是傳統學術向現代邁進的重要一步，但在甲骨學、敦煌學新發現面前，它遇到了巨大的挑戰，簡直足以在事實上拆毀它賴以建立的理念根基[113]。王國維說：「疑古之過，乃並堯舜禹之人物而亦疑之。其懷疑之態度及批評之精神，不無可取。然惜於古史材料，未嘗爲充分之處理也。」[114]又說：「雖古書之未得證明者，不能加以否定，而其已得證明者，不能不加以肯定。」⑮王氏以甲骨、敦煌等新發現爲基地，走上了正面詮釋古典的道路。他的著名的「二重證據法」，就是在此一基礎上提出的。《古史新證》寫道：

吾輩生於今日，幸於紙上之材料外，更得地下之新材料。由此種材料，我輩固得據以補正紙上之材料，亦得證明古書之某部分全為實錄，即百家不雅訓之言，亦不無表示一面之事實。此二重證據法，惟在今日始得為之。⑯

此一新理念的提出，學術界回應者甚衆，不僅對疑古之偏頗有所是正，對二十世紀的學術行程也自有其正面的影響，同時也是中國現代學術何以史學一門最富實績的原因。

而中國現代學術中考古一門的建立，也是與清末的學術新發現相聯繫的。古代並非沒有考古，北宋呂大臨曾作過《考古圖》，但當時之考古不出金石之範圍。現代考古則增加了田野研究的內容，由金石考古擴展到田野考古，是現代考古的學科特點。二十世紀初，以發掘工作爲基礎的現代考古學的建立，李濟、董作賓、郭沫若諸人，與有功焉。當時的中央研究院歷史語言研究所一九二八至一九三七年對殷虛遺址的十五次發掘，是中國現代考古事業的絕大行動，董作賓和李濟實主其事，而收穫也是空前的，後因日寇入侵被迫停止⑰。但董、李均不忘記羅振玉和王國維對甲骨學及金石考古所做的貢獻。董評羅、王曰：「研究甲骨文字最努力又最有貢獻的只有兩個人——就是羅振玉同王國維。」又說：「王氏考證卜辭，皆在羅氏之後，且受羅氏的啓迪實深。所以嚴格來講，甲骨學能建立起來，得有今日，實出於羅氏一人之力。」⑱又評王之《先公先王考》及《續考》云：

在甲骨文字的初步研究，能夠把王亥二字看作一個人名，把孫詒讓認為「立」字的，斷定是「王」字，這已是不容易了。王氏更把《殷本紀》訛為「振」的，考定就是王亥，尤其令人驚奇。一個亥字，在許多古籍中，增加了偏旁成為垓、該、核、胲，還算保存著原狀的一半，等到又從核訛為振，或訛為冰，就不容易找到原形了。王氏能細心對證，考定了卜辭中王亥就是《史記．殷本紀》的振，確是難得。⑲

郭（沫若）對王的評價也很高，稱王留下的知識產品「好像一座璀璨的樓閣，在幾千年來的舊學的城壘上，燦然放出一段異樣的光輝」[120]；又評論說：「王氏之學即以甲骨文字之研究爲其主要的根幹，除上所列四種之外，其他說禮制、說都邑、說文字之零作更散見於全集中。謂中國之舊學自甲骨之出而另闢一新紀元，自有羅、王二氏考釋甲骨之業而另闢一新紀元，決非過論。」[121]郭對羅的評價也不低，認爲羅的功勞在於「爲我們提供出了無數的真實的史料」，稱讚「他的殷代甲骨的收集、保藏、流傳、考釋，實是中國近三十年來文化史上所應該大書特書的一項事件」[122]；還說：「甲骨自出土後，其蒐集保存傳播之功，羅氏當居第一，而考釋之功亦深賴羅氏。羅氏於一九一〇年有《殷商貞卜文字考》一卷，此書僅屬椎輪。一九一五年有《殷虛書契考釋》一卷（後增訂為三卷），則使甲骨文字之學蔚然成一巨觀。談甲骨者固不能不權輿於此，即談中國古學者亦不能不權輿於此。」[123]郭的甲骨文、金文研究，是以羅王爲起點，他自己並不諱言。於此可見靜安之學影響之大。在中國傳統學術向現代轉變的過程中，王國維確實起到了奠基的作用。

陳寅恪在《王靜安先生遺書序》裏這樣總結靜安之學的特點：一曰取地下之實物與紙上之異文互相釋證，二曰取異族之故書與吾國之舊籍互相補正，三曰取外來之觀念與固有之材料互相參證。此固不是王氏一人的治學特點，而是當時學術中堅力量的共同特點，也即是中國現代學術的最基本的觀念和方法。所以陳寅恪肯定地說：「吾國他日文史考據之學，範圍縱廣，途徑縱多，恐亦無以遠出三類之外。」⑫④

# 第六章　傳統學術向現代學術轉變：經今古文學的互動

## 一八

中國傳統學術向現代學術轉變，經今文學及其衍化並發展為晚清新學，是一個方面；與此同時古文經學也沒有沈默，章太炎以堅實的國學根底，承繼清學正統派遺風，成為古文經學的中堅人物；他的學術思想與現代接榫的途徑，是通過復興諸子學來提倡文化多元論，因而《齊物論釋》的現代學術意義不應低估。

中國傳統學術向現代學術轉變，經今文學及其衍化並發展爲晚清新學是一個方面，已如上述。但古文經學也沒有沈默。當廖（季平）、康（有為）、梁（啓超）張今文學的大旗，影響披靡之際，餘杭章炳麟以堅實的國學根底，直承清學正統派遺風，成爲古文經學的中堅人物。只是這裏需要說明一點，即他們的學術思想儘管有異，在政治態度上，卻可以表現爲同樣的激烈，甚至主張古文經學的人，比今文經學還要激烈。所以如此，是由於他們目睹國家的內外危機，變革現狀的要求是一致的。

章炳麟字枚叔，太炎爲其別號，清同治七年十一月三十日（一八六九年一月十二日）生於浙江餘杭。曾祖父、祖父、父親都曾擔任過縣學的訓導一類職務（曾祖、父親為縣學訓導，祖父為國子監生），外祖父爲庠生。雖非高門，卻不乏詩書傳統。十一、二歲時讀蔣氏《東華錄》知有曾靜、呂留良之案，授其讀經的外祖父說：「夷夏之防，同於君臣之義。」炳麟問前人是否也這樣講過，外祖父說王船山、顧亭林都講過，並以船山「惟南宋之亡，則衣冠文物亦與之俱亡」之語告。太炎於是說；「明亡於清，反不如亡於李闖。」[125]其種族革命之思想，少年時期即已萌生。二十五歲，積學所得，成《膏蘭室劄記》四大冊，遍涉《史》、《漢》及周秦諸子，而以小學奠其基，詮解古代史地、音律、典章制度，古雅奧立，不類常人[126]。蓋太炎於學問詞章，形同夙契，非止於苦讀深研所能達致，亦天分所授也。

早期之太炎，頗寄同情於康、梁的變法主張，因此曾一度在梁啓超、夏曾佑、汪康年等共襄其事的上海《時務報》擔任撰述，所寫文章受到維新派人士的推重。然而時間甚短暫，一八九七年一月入報館，四月即離去，原因是他與康、梁的學術思想適相反對，而爲康門弟子所「大哄」[127]。章早期思想也受到嚴復介紹的西學的影響，但其學術思想的基本理路則與嚴復迥異。他的學問的根基在乾嘉樸學，思想淵源則來自晚清諸子學。

我們前面已經論及到了儒學和諸子學的分殊與對立問題，實際上這是中國傳統學術多元並立的另一個方面。儒學固然長期處於正統地位，但諸子之學也沒有消逝。老、莊作爲道家思想的代表，自是中國文化中源遠流長的一脈，荀、墨、管、晏、列、名諸家之作在學術思想史上的地位，也沒有被人忘記。特別清中葉以後，確有一個子學復興的運動。清儒治經最見功力，而爲了求得經之本義，便不能不借助於諸子之學。因爲諸子生活之時代與孔、孟相銙，諸子書中記載的有關孔子的言行雖未免取其一端，但也許更接近原貌。何況乾嘉諸老對典籍的分解有似匠人的解剖刀，理性的認知極大地消融了對象的神秘感，無須再把經、子人爲地對立起來。

章學誠「六經皆史」說的提出，客觀上已蘊涵有削弱儒家經典的權威地位的作用，策略是「降」經爲「史」⑱。而另有學者把諸子等同於六經，則是又降「經」爲「子」。江瑔《讀子巵言》寫道：「子中有經，經中亦有子。班氏藝文志之論諸子也，亦云合其要歸，亦六經之支與流裔。蓋六經既出於諸子，諸子亦可出於六經。」⑲使用的就是經、子合流的論證邏輯。章太炎的老師俞樾也說：「聖人之道具在六經，而周秦兩漢諸子之書亦各有所得。雖以申韓之刻薄，班列之怪，要各本其心之所獨得者而著之書。」⑬故近人羅庶丹所撰之《諸子學述》，得出一結論說：「乾嘉以還學者，皆留意子書，以爲治經之助。」⑬其實何止是「之助」，懷揚「子」抑「經」之深心者，亦大有人在。

清中葉以還如上所述一些學者試圖提升諸子地位的學術思想，對青年時期即在杭州「詁經精舍」肆學八年之久的章太炎⑬，不能沒有影響。我們看太炎先生一九〇六年撰寫的《諸子學略說》一文，對「儒家之病」、「儒術之害」，剖剝得淋漓盡致；而於道、墨、陰陽、縱橫、法、名、雜、農、小說諸家，則多有恕詞。其論諸子之學曰：「惟周秦諸子，推跡古初，承受師法，各爲獨立，無援引攀附之事，雖同在一家者，猶且矜己自貴，不相通融。故荀子非十二子，子思、孟軻亦在其列。」⑬並引佛典《成唯識論》之義諦，極贊諸子「持論強盛，義證堅密，故不受外熏」⑬。而在一九〇二年，章氏已有《訂孔》之作。至一九〇九年《致國粹學報社書》的發表，進而提出「唯諸子能起近人之廢」⑬的大膽主張。實際上，復活先秦諸子之學，使孔學恢復先秦之孔，始終是太炎學術思想的一個重要特徵。胡適看到了這一點，在《中國哲學史大綱》中寫道：「到了最近，如孫詒讓、章炳麟諸君，竟都用全副精力發明諸子學，於是從前作經學附屬品的諸子學，到此時代，竟成專門學。」[136]

不過在致力於先秦諸子學之復活這點上，還不能完全見出太炎先生的古文家的立場。章氏《自定年譜》稱：「二十四歲始分別今古文師說。」[137]這一年實即一八九一年（光緒十七年），也就是康有爲《新學僞經考》刊行的一年。隨著起而向康之學說發起攻詰[138]，章太炎的古文家立場逐漸明晰起來。一八九一至一八九六年期間，太炎嘗撰有《春秋左傳讀》[139]；一九〇二年又撰有《春秋左傳讀敘錄》、《駁箴膏肓評》兩書，已把矛頭指向清代今文學家的代表人物劉逢祿，並主要就劉氏提出的《左傳》的傳經系統係劉歆所僞造的觀點展開辯難。不過給予今文學打擊最力的是寫於一八九九年的《今古文辨義》一文。這篇文章針對廖平所代表的今文學的基本觀點逐一加以剖釋，最後寫道：

> 總之，廖氏之見，欲極崇孔子，而不能批卻導窾以有此弊。尋其自造六經之說，在彼固以為宗仰素王，無出是語，而不知踵其說者，並可曰孔子事亦後人所造也。噫嘻！槁骨不復起矣，欲出與今人駁難，自言實有其人實有其事，固不可得矣。則就廖氏之說以推之，安知孔子言與事，非孟、荀、漢儒所造耶？孟、荀、漢儒書，亦非劉歆所造也？鄧析之殺求屍

者，其謀如此；及教得屍者，其謀如彼。智計之士，一身而備輸、墨攻守之具，若好奇愛博，則縱橫錯出，自為解駁可也。彼古文既為劉歆所造，安知今文非亦劉歆所造以自矜其多能如鄭析之為耶？而《移讓博士書》，安知非亦寓言耶？然則雖謂蘭台歷史，無一語可以征信，盡如蔚宗之傳王喬者亦可矣。而劉歆之有無，亦尚不可知也，烏虖！廖氏不言，後之人必有言之者，其機蓋已兆矣。若是，則欲以尊崇孔子而適為絕滅儒術之漸，可不懼與？[140]

對康有爲《新學僞經考》一書有重要影響的廖氏之古文經係劉歆所僞造的說法，是太炎先生駁難的重點，因爲這是今文學派立論的歷史根基。而且太炎先生預見到，如果依照今文學派造僞說的思路一直走下去，必然導致「蘭台歷史，無一語可以征信」的虛妄結果。事實上，後來的疑古思潮就是這樣產生的。我們不能不佩服章氏窮究學理的先見之明。但章氏信古書卻不信晚清以來的地下發掘物，認爲河南安陽出土的甲骨卜辭也是僞造，並且直到他逝世的前一年一九三五年，中央研究院史語所的殷虛發掘已經進行到第十一次，獲得極豐碩的成績，而且有名金祖同者反覆向其說明辯難，他還是不肯相信甲骨文字的真實性，甚至史語所的發掘所得，他也認爲是村民的僞造[141]，則又將先見之明化作了自蔽的眼障。

章氏弟子黃侃暨友人劉師培者，也秉承先正遺風，堅執古文經的立場，在學術上各有所成。劉之所成在經學，黃之所成在小學。章的學術創獲，也集中在小學。故真能承繼餘杭之學的是黃侃和另一弟子吳承仕。但我們須說明一點，章太炎、劉師培、黃侃等人採取的古文經學的立場，如同晚清今文經學的代表人物龔自珍、魏源以及康有爲一樣，學術立場與政治態度難免情非所願地糾纏在一起。康有爲斥劉歆僞造六經，爲的是提高孔子的地位，托古改制。章太炎降低孔子的地位，是爲了實踐他的多元文化的主張，爲清末的思想解放運動提供原發的思想資源。

## 一九

最能體現章太炎的文化多元論思想的著作，是他寫於一九一〇年的《齊物論釋》。此篇通過解莊而闡發自己的文化思想，雖不免雜糅釋、道，以唯識解「齊物」，但思辨與純理認知的程度很高，誠如著者自己所說，「可謂一字千金」⑭。最引人矚目處是對《齊物論》第三章的闡釋，明確提出對不同的文明應持相容、齊物的態度。

莊子援古爲說，講了一個不一定實有的寓言故事。堯對舜說：「我想討伐宗、膾、胥敖，可臨朝的時候心裏很是不安，不知怎麼回事？」舜說：「這三個小國還處在篷蒿艾草一樣的生活階段，何必那樣在意？從前十日並出的時候，普照萬物，君主的盛德應高過太陽才是。」郭象《莊子注》說這則寓言的意思是希望「物暢其性，各安其所安，無有遠近幽深，付之自若，皆得其極，則彼無不當而我無不怡也」。太炎先生認為：「原「子玄斯解，獨會莊生之旨。」但在理念上他進一步作了現代意義的發揮，寫道：「原夫齊物之用，將以記憶體寂照，外利有情。世情不齊，文野異尚，亦各安其貫利，無所慕往。餉海鳥以大牢，樂斥晏以鐘鼓，適令顛連取斃，斯亦衆情所恒知。然志存兼併者，外辭蠶食之名，而方寄言高義，若云使彼野人獲與文化。斯則文野不齊之見，為桀蹠之嚆矢明矣。」又說：「今之伐國取邑者，所在皆是，以彼大儒，尙蒙其眩惑，返觀莊生，則雖文明滅國之名，猶能破其隱匿也。」

而且莊子也不是不知道物競相爭的道理，《外物篇》裏就有「謀稽乎炫，知出乎爭」的話。但莊子畢竟不因競爭之說而主張強行改變物的自性。所以太炎先生慨歎說：「向令齊物一篇方行，海表縱無滅於攻戰，輿人之所不與，必不得借為口實，以收淫名明矣。」尤可注意者，是太炎先生下面的話：

或言齊物之用，廓然多途，今獨以蓬艾為言何也？答曰文野之見，尤不易除。夫滅國者，假是為名，此是儔杌窮奇之志爾。如觀近世有言無政府者，自謂至平等也，國邑州佀泯然無間，貞廉詐佞一切都捐，而猶橫著文野之見，必令械器日工，餐服愈美，勞形苦身，以就是業，而謂民職宜然，何其妄歟！故應物之論，以齊文野為究極。⑭③

「應物之論，以齊文野爲究極」，是太炎是篇的核心論旨，最能見出章氏的文化多元論思想和斯旨的現實針對性⑭④。而他的強調諸子之學，也早已顯示出他對傳統學術的看法採取的是多元文化的態度。

論者或曰，章太炎思想上是保守派，文化上是傳統派，政治上後來成爲「反動派」。余則曰，此論未免失之一隅之見。實際上在現代學者中，章太炎是最具有定見、遇事從不動搖的真儒。年輕時贊成變法維新，是鑒於對現狀的體認，在個人固屬至誠；後來主張革命，提出種族問題，也是基於戊戌後世局愈來愈不可收拾，而採取的一種因應方略；最後由於西潮滾滾，時髦學人置傳統文化於無地，他轉而在文化方面極力主張保存國性。毋寧說他一直有一種不隨時俗轉移的獨立不倚的精神。我們所追尋的中國現代學術傳統中具有恒在意義的東西，這在章太炎身上表現得最爲明顯。

太炎自述其學術思想的嬗變有言：「自揣平生學術，始則轉俗成真，終乃回真向俗。世固有見諦轉勝者耶？後生可畏，安敢質言。秦漢以來，依違於彼是之間，局促於一曲之內，蓋未嘗睹是也。乃若昔人所謂，專志精微，反致陸沈，窮研訓詁，遂成無用者，余雖無腆，固足以雪斯恥。」⑭⑮梁任公評曰：「其所自述，殆非溢美。」⑭⑯

# 第七章　傳統學術向現代學術轉變：史學與哲學

## 二十

史學在中國自有不間斷的傳統。中國現代學術之史學一門最見實績，真可以說是人才濟濟，碩果豐盈。現代史學家中包括「二陳」在內的一批大師巨子，所涉獵和所建樹的史學實際上也可以視作文化史學。所謂文化史學，是指著者不僅試圖復原歷史的結構，而且苦心追尋我華夏民族文化傳承的血脈，負一種文化托命的職責。

中國傳統學術向現代學術轉變，走的是多源多流、交錯嬗變的路。有遠源，也有近源；有分流，也有匯流；有內因，也有外緣。

傳統學術的大背景，兩千餘年學術自身的傳統，當然是遠源。乾嘉漢學、道咸以降的經今文學、晚清諸子學等等，都是近源。外緣的因素，刺激之大，前面已從王靜安的有關論述中窺見一斑。事實上，不止是清朝的大門是在列強的船堅炮利的打擊下洞開的，延續幾千年的中國傳統學術思想，也是在西潮的強烈刺激下，產生了不能安於固有秩序的緊迫感。世勢使之然，學術固無法迴避。本來明代中晚期的學術，已經有了走向科技走向民間的趨向，與西方也開始了交流，發展下去完全可能以自己的方式走向現代。但明清易代，生產力落後的民族建立了對全國的統治，加上滿漢之間的文化衝突，開放的思想被嚴酷的政治體制窒息了。乾嘉學術在這個意義上是一種不得已的形態。直到清朝末造，歐風美雨狂襲而至，學術思想才不得不在動蕩中因應以變。

但強勢刺激容易產生文化顛簸症，於學術的發展會伴生不利的影響。就如同黑夜裏的一間屋子，正在裏面熟睡的人們突然被強盜團夥的劇烈撬門聲所驚醒，勢必手忙腳亂，迎退失據，甚或穿錯了衣服和鞋子也是有的。所以晚清之思想界的變革，實帶有急促、慌亂、因應失據、饑不擇食的特點。當時的許多文章和著作，更多的是開藥方，學術實績的創造是後來的事情。即使就介紹西方的思想和學說而言，問題也是多多。梁啓超於此洞察幽微，他痛心疾首地寫道：「晚清西洋思想之運動，最大不幸者一事焉。蓋西洋留學生殆全體未嘗參加於此運動；運動之原動力及其中堅，乃在不通西洋語言文字之人。坐此爲能力所限，而稗販、破碎、籠統、膚淺、錯誤諸弊，皆不能免。故運動垂二十年，卒不能得一健實之基礎，旋起旋落，爲社會所輕。」⑭⑦特別是學術思想如何從傳統的格局中（包括遠源和近源）蛻分出來，是亟待解決而沒有解決好的一個問題。

史學在中國自有不間斷的傳統，由傳統史學轉變爲現代史學，應該順理成章。然而向傳統史學置疑容易，提出史學的新概念、真正建立新史學，殊非易易。已故經學史家周予同先生一九四一年寫的《五十年來中國之新史學》一文中，有下面的論述：「學術思想的轉變，仍有待於憑藉，亦即憑藉於固有的文化遺產。當時，國內的文化仍未脫經學的羈絆，而國外輸入的科學又僅限於物質文明；所以學術思想雖有心轉變，轉變的路線仍無法脫離二千年來經典中心的宗派。」[148]事實確是如此。單是新史學與經今文學的關係有所釐清，已是困難重重。按周予同的說法，晚清治史諸家中，崔適、夏曾佑都是經今文學兼及史學。只有梁啓超是逐漸擺脫了今文學的羈絆，走上了新史學的道路。

就此點而言，任公先生對現代史學的貢獻可謂大矣。而現代史學中的學術史一目，也是任公先生開其端，《論中國學術思想變遷之大勢》、《清代學術概論》、《中國近三百年學術史》三書，就是他研究學術史的代表作，至今還經常被學者所引用。誠如梁之好友林志均所說：「知任公者，則知其爲學雖數變，而固有其緊密自守者在，即百年不離於史是矣。」[149]但梁之史學，前期和後期的旨趣不盡相同。一九〇一至一九〇二年寫作《中國史敘論》和《新史學》的梁啓超，對傳統史學的態度甚爲決絕，他總結出舊史學的「四蔽」、「二病」、「三難」[150]，摧毀力極大。後來寫《清代學術概論》、《歷史研究法》和《歷史研究法補編》，則表現出對傳統史學不無溫文地會意冥心之處。但不論前期還是後期，梁之史學都有氣象宏闊、重視歷史整體、重視史學研究的量化、重視科際整合的特點。他把中國歷史分爲三個階段：從黃帝到秦統一，爲上世史，稱作「中國之中國」；秦統一至乾隆末年，爲中世史，稱作「亞洲之中國」；乾隆末年至晚清，爲近世史，稱作「世界之中國」[151]。這是一種著眼於大歷史的分期方法，頗能反映中國歷史演化的過程。

胡適的史學在梁的基礎上又有所跨越，《白話文學史》、《中國哲學史大綱》，在專史方面已是開新建設的史學了。但胡適實驗的多，完成的少，他的作用主要在得風氣之先和對史學研究的「科學方法」的提倡。二十年代興起的古史辨學派，除了受康有爲所代表的晚清今文學的影響，與胡適的《中國哲學史大綱》直接「從周宣王以後講起」[152]有很大關係。所以當一九二三年顧頡剛在《讀書雜誌》上發表《與錢玄同先生論古史書》，提出著名的「層累造成說」，胡適給予支持；而錢玄同和傅斯年也作有力的回應，疑古思潮遂掀起波瀾。

顧的「層累造成說」，包括三方面的意思：

第一，「時代愈後，傳說的古史期愈長」。如這封信裏說的，周代人心目中最古的人是禹，到孔子時有堯舜，到戰國時有黃帝神農，到秦有三皇，到漢以後有盤古等。第二，可以說明「時代愈後，傳說中的中心人物愈放愈大」。如舜，在孔子時只是一個「無為而治」的聖君，到堯典就成了一個「齊家而後國治」的聖人，到孟子時就成了一個孝子的模範了。第三，我們在這上既不能知道某一件事的真確的狀況，但可以知道某一件事傳說中的最早的狀況。我們即不能知道東周時的東周史，也至少能知道戰國時的東周史；我們即不能知道夏商時的夏商史，也至少能知道東周時的夏商史。⑮³

這些觀點他想在一篇叫做〈層累地造成的中國古史〉的文章中論述，文章未及寫，先在致錢玄同的信裏講了出來。倍受爭議的禹大約是「蜥蜴之類」的一條「有足蹂地」的蟲，就是此信中的名句。顧的這封信在學術界引起巨大的震撼。他後來回憶起這段往事時說：「信一發表，竟成了轟炸中國古史的一個原子彈。連我自己也想不到竟收著了這樣巨大的戰果，各方面讀些古書的人都受到了這個問題的刺激。因爲在中國人的頭腦裏向來受著『自從盤古開天地，三皇五帝到於今』的定型的教育，忽然聽到沒有盤古，也沒有三皇、五帝，於是大家不禁譁然起來。」[154]《讀書雜誌》係胡適主辦，因爲顧的這封信展開了一場歷時八、九個月的大討論，直到一九二四年年初方告一段落。而一九二六年出版的《古史辨》第一冊，則是對這場討論的總結，顧頡剛寫了一篇六萬餘言的長序，「古史辨」作爲學派因之而誕生。

當時與「古史辨派」相對立的是釋古派和考古派。也有的概括爲「泥古派」或「信古派」，指起而與顧頡剛、錢玄同論爭的柳詒徵等文化史家，影響不是很大，且用「泥古」或「信古」字樣概括他們的觀點也不夠準確，可暫置不論。考古派前面講到了，首功當然是羅、王、郭、董「四堂」（羅號雪堂、王號觀堂、郭號鼎堂、董號彥堂），還有李濟、夏鼐等。當然考古者大都也釋古。董的《殷曆譜》和《甲骨文斷代研究例》、郭的《中國古代社會研究》和《兩周金文辭大系圖錄考釋》、李濟的《中國民族的形成》和《安陽》等，均堪稱古文字與古史研究的典範之作。釋古派可以王國維和陳寅恪爲代表。如果認爲梁啓超提出的多，系統建設少；王、陳的特點，是承繼的多，開闢的也多。

特別是陳寅恪的史學，是最具現代性和最有發明意義的中國現代史學的重鎮，這一點當時後世少有異詞。他治史的特點，一是在史識上追求通識通解；二是在史觀上格外重視種族與文化的關係，強調文化高於種族；三是在史料的運用上，窮搜旁通，極大地擴大了史料的使用範圍；四是在史法上，以詩文證史、借傳修史，使中國傳統的文史之學達致貫通無阻的境界；五是考證古史而能做到古典和今典雙重證發，古典之中注入今情，給枯繁的考證學以活的生命；六是對包括異域文字在內的治史工具的掌握，並世鮮有與其比肩者；七是融會貫徹全篇的深沈強烈的歷史興亡感；八是史著之文體熔史才、詩筆、議論於一爐。⑮他治史的貢獻，主要表現在對「中國境內之古外族遺文」的釋證、對佛教經典不同文本的比刊對照、對各種宗教影響於華夏人士生平藝事的考證、對隋唐政治制度文化淵源的研究、對晉唐詩人創作所作的歷史與文化的箋證、對明清易代所激發的民族精神的傳寫等等。而所有這些方面他都有創闢勝解。他治史的精神，則是「獨立之精神，自由之思想」⑯，這是他學術思想的力量源泉，也可以稱作陳氏之「史魂」。

陳垣與陳寅恪並稱「史學二陳」。陳垣的專精在目錄、校勘、史諱、年表的研究，並兼擅詞章之學；史源學一目，是他的創造；治史的顯績則集中在宗教研究和元史研究。從繼承的史學傳統來說，清代史家趙壹、錢曉徵對他的影響最大。所以陳寅恪評贊其史學之貢獻時說：「近二十年來，國人內感民族文化之衰退，外受世界思潮之激蕩，其論史之作，漸能脫除清代經師之舊染，有以合於今日史學之真諦，而新會陳援庵先生之書，尤爲中外學人所推服。蓋先生之精思博識，吾國學者，自錢曉徵以來，未之有也。」[157]但陳垣五十年代以後世潮潤及己身，沒有再寫出重要的著述。陳寅恪則挺拔不動，愈到晚年愈見其著述風骨。尤其一九五三年至一九六三年積十載之功撰寫的八十萬言的《柳如是別傳》，是他一生之中最重要的著述，是我國現代文史考證的典範，是「借傳修史」的明清文化痛史的傑構，置諸二十世紀的史林文苑，其博雅通識和學思之密，鮮有出其右者。

現代史學家中包括「二陳」在內的一批大師巨子，所涉獵和所建樹的史學實際上也可以視作文化史學。所謂文化史學，是指著者不僅試圖復原歷史的結構，而且苦心追尋我華夏民族文化傳承的血脈，負一種文化托命的職責。文化史學的集大成者是錢賓四先生。賓四是錢穆的字，無錫人，自學名家。始任教於無錫、廈門、蘇州等地的中學，一九三〇年起北上京華，執教鞭於燕大、北大、清華、師大等高等學府。錢之著述，早期以《先秦諸子系年》、《中國近三百年學術史》、《國史大綱》爲代表。治國史而以學術流變爲基底，直承儒統，獨立開闢，不倚傍前賢時雋，是錢氏史學的特點。其抗戰時期在西南聯大撰寫的《國史大綱》，特地提出應把「我國家民族已往文化演進之真相，明白示人，為一般有志認識中國已往政治社會文化思想種種演變者所必要之智識」⑱，作為修撰新通史的必備條件；並昭示國人樹立一種信念，即對「本國已往歷史有一種溫情與敬意」⑲。他強調：「歷史與文化就是一個民族精神的表現。所以沒有歷史，沒有文化，也不可能有民族之成立與存在。如是我們可以說，研究歷史，就是研究此歷史背後的民族精神和文化精神的。」⑳錢穆晚期的代表著作是《朱子新學案》，其價值在重新整合理學和儒學的關係，把援釋入儒的宋學，收納回歸到儒、釋、道合流統貫的傳統學術思想的長河中去。國學大師之名，章太炎之後，唯錢穆當之無愧。

中國現代學術之史學一門最見實績，真可以說是人才濟濟，碩果豐盈。梁、王、胡、顧和二陳、錢穆之外，張蔭麟、郭沫若、范文瀾、翦伯贊、呂振羽，都是具通史之才的史學大師。郭的恣肆、范的淹博、翦的明通、呂的簡要，為學界所共道。就中張蔭麟的史學天才尤值得注意。雖然他只活了三七歲，留下的史學著作最重要的竟是一部沒有最後完成的《中國史綱》（只有上古部分）。一九〇五年他生於廣東的東莞，十六歲考入清華學堂，十八歲發表《老子生後孔子百餘年之說質疑》於《學衡》雜誌，批評梁啓超而得到梁啓超的激賞。一九二九年赴美國斯坦福大學研習哲學和社會學，四年後回國，任教於清華，兼授哲學、歷史兩系的課程。

張蔭麟試圖把哲學和藝術與史學融合在一起，提出要用感情、生命、神采來從事歷史寫作。他說：

史學應為科學歟？抑藝術歟？曰，兼之。斯言也，多數積學之專門史家聞之，必且嗤笑。然專門家之嗤笑，不盡足慴也。世人恒以文筆優雅，為述史之要技。專門家則否之。然歷史之為藝術，固有超乎文筆之上矣。今以歷史與小說較，所異者何在？夫人皆知在其所表現之境界一為虛一為實也。然此異點，遂足擯歷史於藝術範圍之外矣乎？寫神仙之圖畫，藝術也。寫生寫真，毫髮畢肖之圖畫，亦藝術也。小說與歷史之同者，表現有感情，有生命，有神采之境界，此則藝術之事也。惟以歷史所表現者為真境，故其資料必有待於科學的搜集與整理。然僅有資料，雖極精確，亦不成史。即要經科學的綜合，亦不成史，何也？以感情、生命、神采，有待於直觀的認取，與藝術的表現也。(161)

他認爲正確充備的資料和忠實的藝術表現，是理想的歷史寫作的兩個必要條件。他自己的史著和論文，把他的這一史學寫作理想變成了現實。謂予不信，請試讀《中國史綱》以及《明清之際西學輸入中國考略》和《北宋四子的生活與思想》等專書和論文，你無法不被他的「忠實的藝術表現」所感染。你甚至可能忘記了是在讀史，而以爲是在閱讀文學家撰寫的饒有興味的歷史故事。但他那不摻雜繁引詳注的歷史敍述，又可以做到無一字無來歷，無一事無出處。包括梁任公、賀麟在內的熟悉他的學界人物，無一例外地稱賞他爲不可多得的史學天才。熊十力說：「張蔭麟先生，史學家也，亦哲學家也。其宏博之思，蘊諸中而尙未及闡發者，吾固無從深悉。然其爲學，規模巨集遠，不守一家言，則時賢之所夙推而共譽也。」又說：「昔明季諸子，無不兼精哲史兩方面者。吾因蔭麟先生只歿，而深有慨乎其規模或遂莫有繼之者也。」[162]以熊之性格特點，如此評騭一位先逝的比自己小整整二十歲的當代學人，可謂絕無僅有。

另外在專史和斷代史領域，湯用彤、柳詒徵、蕭公權、岑仲勉、朱謙之、雷海宗、陳夢家、侯外廬、孟森、向達、楊聯陞、羅爾綱等，都有足可傳世的代表性著作。而陳夢家的學術成就和遭遇，更令人感到震撼。他是浙江上虞人，一九一一年出生，十六歲考取中央大學法律系，二十歲就是聞名遐邇的新月派詩人了。一九三二年上海「一・二八事變」，他投筆從戎，參加著名的凇滬抗戰。後來師從容庚，成爲研究古文字學、古史的專家，先後執教於燕京大學、西南聯大、清華大學等學府，五〇年代以後轉到科學院考古所。《殷虛卜辭綜述》、《尙書通論》、《六國紀年》、《西周銅器斷代》

等重要著作，都寫於一九五七年以前。他的詩人氣質和學者的風骨，使他未能逃過一九五七年「不平常的春天」那一劫。他被下放到甘肅。但他那雙神奇的眼睛和神奇的手，似乎接觸什麼就可以研究什麼，而且都能結出果實。他在甘肅接觸到了漢簡，他撰寫了《武威漢簡》和《漢簡綴述》兩部涉獵新的學科領域的專著。他的文筆是優美的，優美到可以和張蔭麟相頡頏。誰都知道通解甲骨文的發現和研究過程是一件多麼繁難的事情，但如果閱讀他的七十餘萬言的《殷虛卜辭綜述》，不僅可以輕鬆地實現你的學術目標，而且得到史學與藝術的美的享受。

但陳夢家的悲劇人生並沒有到此結束，還有更慘烈的一幕等待著他。一九六六年，當迎面而來的掀天巨浪不僅殘害知識精英，而且殘害文化的時候，他自己結束了自己的生命，年只五十五歲，正值學術的盛年。當然還有翦伯贊，一位一向被稱做馬克思主義史學家的通史之才，也在那股掀天巨浪面前選擇了最簡便的結局。只是，也許他並不孤單，因爲陪伴他同行的還有他的夫人。這些史學天才，是太知道歷史還是太不知道歷史？

疑古、釋古、考古，足以代表中國現代史學的三個學術派別了。錢穆分近世史學爲傳統派、革新派和科學派⑯③，似不夠準確。還有的區別爲史觀派、史建派、考證派、方法派等等⑯，也未見科學。疑古、釋古、考古三派，都有自己的史學觀念和史學方法，也都離不開史料和考證，其目標也是為了建設。唯一例外的是以傅斯年為代表的史料學派，雖也可以範圍在釋古一派之內，但在史學觀念上確有自己的特色。況且講中國現代史學如果不講到傅斯年，不僅不公正，而且是嚴重的缺失。因為二十世紀的歷史學，他是一位有力量的帶領者和推動者。

傅斯年字孟真，山東聊城人，一八九六年出生，十七歲考入北京大學預科，後轉為國文門。他是「五四」新思潮的學生領袖，他當時辦的刊物就叫《新潮》。陳獨秀、胡適之等都很賞識他的才幹，李大釗的思想對他也很有影響。一九一九年五月四日那天的愛國大遊行，他擔任總指揮，扛著大旗走在隊伍的最前面。但火燒趙家樓的意外行為發生後，他退而回到學校。當年年底考取官費留學，赴英國倫敦大學研究院學習。一九二三年轉赴德國柏林大學文學院，比較語言學和歷史學成為他傾心鑽研的新的學科領域。趙元任、陳寅恪、俞大維、羅家倫、毛子水、金岳霖、徐志摩等青年才雋，是他在德國期間經常往還的朋友。一九二六年回國，應中山大學之聘，擔任文學院長兼文史兩系之系主任。一九二八年就任國家最高學術機構中央研究院歷史語言研究所所長。陳寅恪、趙元任、李濟，分別是史語所第一、二、三組的組長。他的「拔尖」政策使他有辦法聚集全國最優秀的學人。

他的最有影響力的文章是就任史語所所長後撰寫的〈歷史語言研究所工作之旨趣〉。他的經常被引用的名言是：「上窮碧落下黃泉，動手動腳找東西。」⑯他說：「凡一種學問能擴張他研究的材料便進步，不能的便退步。」⑯他說：「我們反對疏通，我們只是要把材料整理好，則事實自然顯明了。一分材料出一分貨，十分材料出十分貨，沒有材料便不出貨。」⑯他說：「史學便是史料學。」⑯他說了這麼多容易斷章取義、容易被誤解的話，但真正的學術大家、史學重鎮，都知道他的苦心孤詣，很少發生誤解。不僅不誤解，反而承認他的權威地位，感激他對現代史學的建設所做的貢獻。其實他是受德國朗克史學的影響，有感於西方漢學家的獨特建樹，目睹中國歷史語言學的衰歇，提出的振興救弊的主張。他說：

西洋人作學問不是去讀書，是動手動腳到處尋找新材料，隨時擴大舊範圍，所以這學問才有四方的發展，向上的增高。中國文字學之進步，正因為《說文》之研究消滅了漢簡，阮、吳諸人金文之研究識破了《說文》。近年孫詒讓、王國維等之殷文研究更能繼續金文之研究。材料愈擴充，學問愈進步，利用了檔案，然後可以訂史。利用了別國的記載，然後可以考四裔的史事。在中國史學的盛時，材料用得還是廣的，地方上求材料，刻文上抄材料，檔庫中出材料，傳說中辨材料。到了現在，不特不能去擴張材料，去學曹操設『發塚校尉』，求出一部古史於地下遺物，就是『自然』送給我們的出土的物事，以及敦煌石藏、內閣檔案，還由他毀壞了好多，剩下的流傳海外，京師圖書館所存摩尼經典等等良籍，還復任其擱置，一面則談整理國故者人多如鯽，這樣焉能進步？⑯⑨

可知他是痛乎言之、有感而發。他還說：「在中國的語言學和歷史學當年之有光榮的歷史，正因爲能開拓有用材料。後來之衰歇，正因爲題目固定了，材料不大擴充了，工具不能添新的了。不過在中國境內語言學和歷史學的材料是最多的，歐洲人求之尚難得，我們卻坐看他毀壞亡失。我們著實不滿這個狀態，著實不服氣就是物質的原料以外，即便學問的原料，也被歐洲人搬了去乃至偷了去。我們很想借幾個不陳的工具，處治些新獲見的材料，所以才有這歷史語言研究所的設置。」⑰⓪何以要把史料的作用強調到如此的地步，他講得再清楚不過，不需要我們再添加什麼了。

當我們瞭解了傅斯年，才能夠深層理解陳寅恪史學的現代價值。

## 二

現在再來看哲學。哲學走向現代的步履就更其艱難了。

中國傳統哲學的高峰，一表現爲先秦子學，再表現爲宋明理學。此外佛教哲學在隋唐有較大的發展，此不具論。總之宋明以後，獨立之哲學日趨衰微，哲學思想往往消融到實際人生態度和社會倫理中去，真個是道混成而難分了。影響之下，清中葉直至晚清以來，包括龔自珍、魏源、嚴復、康有爲、梁啓超、章太炎諸人，雖然不無自己的哲學思想，卻不是以哲學的專精而名家的。正如蔡元培所說：「最近五十年，雖然漸漸輸入歐洲的哲學，但是還沒有獨創的哲學。」⑰蔡元培又說：「凡一時期的哲學，常是前一時期的反動，或是再前一時期的復活，或是前幾個時期的綜合，所以哲學史是哲學界重要的工具。這五十年中，沒有人翻譯過一部西洋哲學史，也沒有人用新的眼光來著一部中國哲學史，這就是這時期中哲學還沒有發展的徵候。」⑱因此他對胡適的《中國哲學史大綱》給予相當的肯定，稱其爲「第一部新的哲學史」⑲。但胡適的《大綱》是對中國傳統哲學思想的敘論，還不是作者自己哲學思想的系統化。

能夠自覺地建立自己的哲學思想體系的是馮友蘭。馮氏一九一八年畢業於北京大學文科中國哲學門，次年赴美，一九二四年獲哥倫比亞大學哲學博士學位。一九三〇年和一九三三年，先後寫出並出版《中國哲學史》上、下卷。這是第一部有系統地研究中國傳統哲學的專書。陳寅恪、金岳霖都給予高度評價。一九三七至一九四六年，馮氏通過「貞元六書」的寫作，進而完成了他的新理學的哲學體系。值得注意的是，作者在緒論章中特別提出他是「接著宋明以來的理學講底，而不是照著宋明以來的理學講底」⑰④。這點很重要，正好與我們前面講的宋以後哲學的獨立性有所減弱，可以相印證。

中國傳統學術裏最缺乏的是邏輯學。這涉及到中國人的思維特性問題。因此傳統哲學並不以追求完整的理論體系爲目標。影響所及，現代學術中的哲學一門，數理哲學一向不發達。中國傳統哲學中所缺少的另一個東西是知識論。唯其如此，金岳霖的哲學值得我們格外注意。金早年畢業於清華大學，一九二〇年獲美國哥倫比亞大學哲學博士學位，後留學英國康橋大學。直接給他以影響的是羅素哲學和穆爾哲學，這兩位在二十世紀初是國際上最具影響力的分析哲學泰斗。金岳霖本人是個哲學天才，很少有另外的人像他那樣既有邏輯的頭腦又有建構知識系統的能力。一九三五年，他的《邏輯》一書作爲大學叢書之一種出版。一九四〇年，《論道》出版。一九四八年，《知識論》竣稿。

終於建立起了以知識論爲骨架的哲學體系。他是現代中國爲數很少的可以不借助人只借助符號寫作的哲學家。這是他與馮友蘭不同的地方。

但他的思想又很矛盾。他具有現代哲學所要求的全部素養、訓練和邏輯方式，可他又不以此爲滿足。因此他寧可先寫《論道》，而把《知識論》放在後面。《論道》的序言裏有關於他的這種矛盾心情的極好的描述：

研究知識論我可以站在知識的對象範圍之外，我可以暫時忘記我是人。凡問題之直接牽扯到人者我可以用冷靜的態度去研究它，片面地忘記我是人適所以冷靜我的態度。研究元學則不然，我雖可以忘記我是人，而我不能忘記「天地與我並生，萬物與我同一」，我不僅在研究對象上求理智的瞭解，而且在研究的結果上求情感的滿足。雖然從理智方面說我這裏所謂道，我可以另立名目，而另立名目之後，此新名目之所謂也許就不能動我的心，怡我的情，養我的性。知識論的裁判者是理智，而元學的裁判者是整個的人。[175]

金岳霖這裏對中西哲學、中西哲學家作了一個區分。稍後，在用英文撰寫的《中國哲學》一文中，對此一問題作了更明確的闡述，寫道：「現代人的求知不僅有分工，還有一種訓練有素的超脫法或外化法。現代研究工作的基本信條之一，就是要研究者超脫他的研究對象。要做到這一點，只有培養他對於客觀真理的感情。人雖然不能超脫自己的感情，連科學家也很難辦到，但是他如果經過訓練，學會讓自己對於客觀真理的感情蓋過研究中的其他感情，那就已經獲得科學研究所需要的那種超脫法了。這樣做，哲學家就或多或少地超脫了自己的哲學。他推理、論證，但並不傳道。」⑰⑥

而中國傳統哲學則有不同的要求。金岳霖繼續寫道：「中國哲學家都是不同程度的蘇格拉底式的人物。其所以如此，是因爲倫理、政治、反思和認識集於哲學家一身，在他那裏知識和美德是不可分的一體。他的哲學要求他身體力行，他本人是實行他的哲學的工具。按照自己的哲學信念生活，是他的哲學的一部分。他的事業就是繼續不斷地把自己修養到進於無我的純淨境界，從而與宇宙合而爲一。這個修養過程顯然是不能中斷的，因爲一中斷就意味著自我擡頭，失掉宇宙。因此，在認識上，他永遠在探索；在意願上，則永遠在行動或者試圖行動。這兩方面是不能分開的，所以在他身上你可以綜合起來看到那個本來意義的哲學家。他同蘇格拉底一樣，跟他的哲學不講辦公時間。他也不是一個深居簡出、端坐在生活以外的哲學家。在他那裏，哲學從來不單是一個提供人們理解的觀念模式，他同時是哲學家內心中的一個信仰體系，在極端情況下，甚至可以說就是他的自傳。」[177]就人類的精神需要來說，不論過去、現在、未來，哲學家作爲哲學家的這兩種品質，都是需要的。現代哲學的使哲學與哲學家分離的特點，改變了哲學的價值。金岳霖悲傷的說：「這種改變使世界失去了絢麗的色彩。」[178]

那末中國現代哲學應該走什麼樣的路?金岳霖似乎感到兩難。這有點像王國維在哲學面前的矛盾心情。王曾說過：「哲學上之說，大都可愛者不可信，可信者不可愛。余知真理，而余又愛其謬誤偉大之形而上學，高嚴之倫理學與純粹之美學。此吾人所苦嗜者也。然求其可信者，則寧在知識論上之實證論，倫理學上之快樂論，與美學上之經驗論。知其可信而不能愛，覺其可愛而不能信，此近二三年中最大之煩悶。」[179]毋寧說，王國維的煩悶也是一切哲人的煩悶。特別是站在中國傳統哲學的立場上，面對科學主義思潮的衝擊，更容易發生這樣的問題。

# 第八章　傳統學術向現代學術轉變：新儒學和新佛學

## 二三

只要我們明白中國傳統哲學向現代哲學嬗變蛻分之艱難，就可以理解新儒家所試圖建立的基本哲學理念之可貴。因為學術理論的構造，不僅需要知識的累積，而且需要眼光。新儒家的思想淵源之一，是佛教哲學的影響。晚清以來，新佛學是中國現代學術的重要一支。

新儒家所建立的基本理念，就包含有對中國傳統哲學向現代轉化的兩難處境的回應。

關於新儒家這個概念，雖有廣義和狹義兩種不同的解釋，我個人則比較傾向於狹義一些的解釋，即指認同於傳統儒學又在哲學上有自己獨特建樹的那樣一些現代學人⑱。但無論從廣義出發還是從狹義出發，馮友蘭都應屬於新儒家的行列。所以在馮友蘭身上沒有金岳霖那樣的矛盾。但馮絕不是現代中國的第一個新儒家。如前所述，宋明理學作爲相對於先秦儒學的儒學，已有新儒家之稱，何以近代又有了新儒家？這得從梁漱溟說起。

梁漱溟是被稱爲最後一個儒家的。其實在現代學術史上，他應該是新儒學的第一個代表。梁漱溟早年究心佛學，一九一七年應蔡元培之聘任教北京大學。當時正處在五四運動前夕，知識界西浪聲聲，而梁氏所鍾情，獨在東方傳統。爲尋求同道的理解支持，他曾在北大刊出啓事：「顧吾校自蔡先生並主講諸先生皆深味乎歐化，而無味乎東方文化，由是倡爲東方學者，尙未有聞。」⑱由是開始講《東西文化及其哲學》，倡「世界文化三期重現」說，重估中國的儒學傳統，給定孔子以新的價值，破天荒地提出：「世界未來文化就是中國文化的復興，有似希臘文化在近代的復興那樣。」⑱一九二一年他這本講演集由上海商務印書館正式出版，至一九二九年先後印行八次，可見其影響。梁的價值在於他提出的問題本身。動人心弦處是問題的指向。雖然他一生都不曾解決這個問題，當然我們也沒有理由要求他一定解決這個問題，實際上這是二十世紀中國人面對的斯芬克司之謎。這個問題的思想價值遠遠高於它的學術價值。梁的貢獻在於知其不可而爲之，最終成就了自己的偉大人格，但在哲學上他並沒有建立起自己的理論體系。梁漱溟祖籍廣西桂林，一八九三年生於北京，沒有上過大學，沒有留過洋，全憑自學入於學問之道。

新儒家中另一個有自己體系的是熊十力。熊生於一八八五年，比梁漱溟大八歲。當梁在北京大學講授《東西文化及其哲學》的時候，他正在撰寫《唯識學概論》。而在此前已有《心書》印行，蔡元培爲之序，其中寫道：「余開緘讀之，愈以知熊子之所得者至深且遠，而非時流之逐於物欲者比也。」[183]又說：「自改革以還，綱維既決，而神奸之竊弄政柄者，又復挾其利錄威刑之具，投人類之劣根性以煽誘之，於是乎廉恥道喪，而人禽遂幾於雜糅。昔者顧亭林先生推原五胡之亂，歸獄於魏操之提獎汙行，而今乃什佰千萬其魏操焉，其流毒寧有窮期也？嗚呼！履霜堅冰至，是真人心世道之殷憂矣。」[184]此一關於晚清以還之社會文化背景之說明，也即是新儒家產生之具體歷史條件。列強侵陵，西學衝擊，綱頹紀殄，傳統道斷。承載此種文化並爲此種文化所化之人，飽嘗精神漂泊之苦痛，於是轉而爲中國文化尋找新的出路。梁、熊都屬於此種情況。而自身的文化承載量過深過大又找不到出路者如王國維，最後選擇了以身殉此種文化的路。一九三二年，熊十力的文言本《新唯識論》出版，一九四〇年又出版語體文本，從而完成了他的儒佛雜糅的哲學體系。熊的特點在己出，在個性獨立，在體用不二。至一九五四年寫《原儒》，熊的從中國傳統出發的哲學體系臻於完善。

張君勱、方東美與梁、熊同時而稍後。張的特點是既熱衷政治，又重視學術，並洞明學術與政治的分野，但在學術思想上始終維護中國文化的統系，竭力闡發孔子與儒學的現代意義。他的驚人之舉，是在五四高潮中挑起了玄學與科學的大論戰。他的雅號是偉人所賜之「玄學鬼」。他的學術創獲的標誌，主要是晚年用英文撰寫的《新儒家思想史》。方東美所追尋的，是哲學和美學的融合，意在建立人生哲學和生命哲學。一九三三年出版的《哲學三慧》一書最能反映他的這種學術追求。他的最重要的著作是用英文寫的《中國哲學之精神及其發展》。作爲哲學家的方東美在哲學界的地位，頗似宗白華在美學界的地位。方氏籍安徽桐城，大儒方苞的後裔，秉承家學，才氣縱橫，一八九九年生，一九七七年逝於台北。張君勱一八八七年生於江蘇嘉定（今屬上海市），一九六九年在美國去世。

唐君毅、牟宗三亦各樹一幟，分別建立了新儒家的最完整的同時也是最後的哲學理論體系。唐是四川宜賓人，一九〇九年生，長期執教於中央大學，一九四九年以後居香港，一生著述宏富，一九七八年辭世。「中國文化之花果飄零」的理念，就是唐提出來的。牟宗三一九〇九年生於三東棲霞，一九二七年考上北大預科，兩年後升入北大哲學系，從此開始了哲學家的職業生涯。五十年代後任教職於台、港諸大學，著述不輟，一九九五年病逝。就理論體系的建樹而言，新儒學走到唐、牟，達致了一個學派所能達到的巔峰位置，當然也就行進到了終點。儒學的偉力在於和日用常行息息相關，單純書齋哲學所成就的主要是個體生命的人格精神，也就是內聖之境。至於一直被作爲理想處理的外王之境，也就是與現實政治的關係，或者說傳統儒學能不能開出民主政治的花朵，與其說是個理論問題，不如說是個實踐問題。所謂「反本開新」，反本匪易，開新尤難。新儒學的死結就在這裏。眼看就是二十一世紀了，傳統儒學價值面臨再一次重新評估。多資多源是中國傳統文化的特徵，指望用儒學解決今天遇到的極感緊迫的現實問題，無論如何是求之過奢了。

但是只要我們明白中國傳統哲學向現代哲學蛻分之艱難，就能理解這些哲學家尋求理論建樹之可貴。因爲學術理論的構造，不僅需要知識的累積而且需要眼光。上一個世紀大師級的人物中，眼光最銳利的一個人是馬一浮。梁（漱溟）、熊（十力）、馬（一浮）一向被稱做新儒家的「三聖」，但馬的學養之深和悟慧之高，在二十世紀百年中國的學苑裏似少有與之相匹敵之人。如果說陳寅恪立基於社會現實的土壤，始終擺脫不掉「家國舊情」與「興亡遺恨」，馬一浮則遠離講舍，寧願置身於亦儒亦佛的飄渺雲霧之中。早在孩童時期，馬一浮即才驚四座。九歲所作指題限韻五律，已有超塵之象。十六歲應紹興縣試，同考者有周樹人、周作人昆仲，而馬一浮名列第一。民國成立後，任教育總長的蔡元培邀請他出任教育部秘書長，只到職十餘日，就以「我不會做官，只會讀書，不如讓我回西湖」[185]為由，掛冠而去。一九一六年蔡元培任北京大學校長，再次懇請馬一浮出任北大文科學長，又遭婉拒，理由是「古有來學，未聞往教」[186]。馬之學，在德畜之厚，在超越與會通。他出入二氏，通曉六經。「六藝可以賅攝諸學」[187]是他的一貫主張，「儒佛等是閑名」是他的座右銘[188]。而其人格之特點，則超凡脫俗、高蹈獨善，可謂神仙一流人品，是二十世紀師儒中的一個真正的隱者。

## 二三

新儒家的思想淵源之一，是佛教哲學的影響。

晚清以來，新佛學也是現代學術的重要一支。任公先生有言：「晚清思想家有一伏流，曰佛學。」[189]又說：「所謂新學家者，殆無一不與佛學有關。」[190]確實如此。康有為、梁啓超、譚嗣同、章太炎、蔡元培、胡適之、梁漱溟、熊十力、馬一浮、張君勱、方東美等，都曾以自己的方式究心佛學。事實上，一個立基於傳統根基之上的現代學者，如果對佛學茫無所知，其爲學的理念能否會通，已大可懷疑。當然晚清以還思想顛簸，社會劇變，知識者迎退失據，倍感苦痛，也是第一流的學人出入內典的因緣。馬一浮旁涉二氏，儒佛會通，成一代大儒。章太炎以佛解莊，貢獻於佛學理論者甚大。但以佛學名家，又結合己身信仰的現代佛學學者，還是首推楊文會、歐陽漸、太虛諸大師。

楊文會是現代佛學的開闢者。鑒於有清一代佛法不興，群經散軼，他於一八九七年創辦金陵刻經處，一九〇八年又在南京刻經處內建立「祇垣精舍」，招收僧俗學子，講授佛教經典。其爲學，「教宗賢首，行在彌陀」，理究「華嚴」、「法相」，而以「淨土」傳宗。學行之超拔，世所推重。文會逝後，弟子歐陽漸竟無繼其志業，刻經傳道，法事日隆。一九二二年，南京支那內學院成立，開始了現代佛學的繁盛期。歐陽大師早年治宋明理學，皈佛後尊信唯識法相，論之曰：「若能研法相學，則無所謂宗教之神秘；若能研唯識學，則無所謂宗教之迷信感情。其精深有據，足以破龍侗支離；其超活如量，足以藥方隅固執。用科哲學之因果理智以爲治，而所趣不同。是故佛法於宗教科哲學外，別爲一學也。」⑲其於現代佛學的建立，有一種學理上的自覺。歐陽的弟子呂秋逸（**名澂，秋逸為其字**），通梵文，擅因明，學理精純，卓然大家。太虛也宗奉唯識法相，但觀點與歐陽異趣，更傾向於濟世利人的人間佛教的建立。他是僧人、學者，也是社會活動家。現代佛學的推向社會，太虛大師有首倡力行之功。他的沒有最後完成的巨著《真現實論》，試圖爲人生佛教建立一現證的哲學體系。

楊、歐、太的努力，使新佛學大大增加了現代性的成份。

## 第九章 傳統學術向現代學術轉變：通人之學和專家之學

### 二四

諸子百家之說，與其說是哲學莫若稱之為思想學說更加恰當。所以中國歷史學科中有思想史一門，而中國學術史實即為學術思想史也。如果說清末民初的學者，其第一流的人物所成就的還是通人之學，後五四時期的學者則更重視個案的處理，往往對某一學科的一個分支的研究即可名家。因此專家的地位愈來愈突出，通人之學反而不為時尚所重了。這種情況，既是傳統學術走向現代的一個標誌，也是固有學術向現代轉變付出的代價。因為人文學科任何時候都需要通才通儒通學。

中國傳統學術向現代學術轉變，有一學術理念上的分別，即傳統學術重通人之學，現代學術重專家之學。

錢穆在《現代中國學術論衡》一書的序言中寫道：「文化異，斯學術亦異。中國重和合，西方重分別。民國以來，中國學術界分門別類，務為專家，與中國傳統通人通儒之學大相違異。循至通讀古籍，格不相入。此其影響將來學術之發展實大，不可不加以討論。」⑲²錢穆先生所揭示的民國以來學術界之重分類，追求專家之學，是吸收了西方學術觀念和方法的中國現代學術的特徵，與傳統學術的重會通，通人通儒有至高的地位，兩者大不相同。這裏通人之學與專家之學的分野，實際上有古今的問題，也有中西的問題。

中國傳統學術的分類，大類項是經、史、子、集四部之學。史部為史學，集部為文學，其釋義較為明顯，歷來學者大都這樣界定。唯子部的內涵，通常人們以為屬於哲學的範疇，似尚待分解。諸子百家之說，與其說是哲學莫若稱之為思想學說更加恰當。所以中國歷史學科中有思想史一門，而中國學術史實即為學術思想史也。至於經部，分歧更大。近人張舜徽嘗云：「蓋經者綱領之謂，凡言一事一物之綱領者，古人皆名之為經，經字本非專用之尊稱也。故諸子百家書中有綱領性之記載，皆以經稱之。」⑲³後來儒家地位升高，孔門之六科即詩、書、禮、樂、易、春秋，也稱「六藝」，遂成為有至尊地位的經典。但如果以現代的眼光來看，經學毫無疑問是需要分解的。《詩經》是文學，不成問題；《尚書》和《春秋》應屬於歷史學的範圍；《易經》當然是哲學。因此傳統學術向現代轉化，有一個學科整合的問題。這樣說絲毫不含有輕視經學的深層文化意蘊的意思，相反，站在學術史的角度，卻可以認同馬一浮的觀點，不妨把經學看作是一切學術的源頭。傳統學術的四部分類法，自是我國固有的傳統，但現代學術不便於繼續這樣區分了。究竟如何分？晚清之時的學子在理念上並不都很明確。人文學科和社會科學兩大類當時就沒有分開。嚴復、康有爲、梁啓超、章太炎、王國維等現代學術大家，走的還是通人之學的路，在他們身上，學科的界分並不那麼明顯，或至少不那樣嚴格。

首先意識到現代學術需要重新分類的是王國維。這裏涉及到他寫的一篇極重要而又鮮爲人注意的文章，即作於一九〇二年的《奏定經學科大學文學科大學章程書後》。這是他寫給張之洞的一封信，在這封信裏他明確提出反對把經學置於各分科大學之首，強調必須設置哲學一科。他直言不諱地指出，由張南皮制定的分科大學的章程存在重大的錯誤。錯在何處？他說：

其根本之誤何在？曰在缺哲學一科而已。夫歐洲各國大學無不以神、哲、醫、法四學為分科之基本。日本大學雖易哲學科以文科之名，然其文科之九科中，則哲學科依然據首，而餘八科無不以哲學概論、哲學史為其基本學科者。今經學科大學中雖附設理學一門，然其範圍限於宋以後之哲學。[194]

這涉及的可不是一個細小的分歧，而是與現代學術的分類直接相關的大學分科問題。王國維強調了哲學的重要性，這一觀念是現代的。用以取譬的例證，是歐洲各國和日本的例證。可見他的強調現代學術分類方法的思想，是相當自覺的。而在另外一個地方他還說過：「今之世界，分業之世界也。一切學問，一切職事，無往而不需特別之技能，特別之教育。一習其事，終身以之。治一學者之不能使治他學，任一職者之不能使任他職，猶金工之不能使爲木工，矢人之不能使爲函人也。」[195]這裏他強調的就是具有現代特點的專家之學。在歐羅巴通史序中又說：「凡學問之事其可稱科學以上者，必不可無系統。系統者何？立一統以分類是矣。分類之法，以系統而異。有人種學上之分類，有地理學上之分類，有歷史上之分類。」[196]王氏對學術分類問題申之又申、一論再論，說明他對此一問題是何等重視。

就學術的總體分類而言，王國維認爲不出三大類的範圍，即科學、史學、文學。史學和文學也就是中國傳統學問中所謂的文史之學，哲學和藝術也應該包括在裏面。科學，則是指自然科學和社會科學。他說：「凡記述事物而求其原因，定其理法者，謂之科學；求事物變遷之跡，而明其因果者謂之史學；至出入二者間，而兼有玩物適情之效者，謂之文學。」⑲他還指出各門科學有各門科學的沿革，而且史學有史學的科學，如《史通》係史學理論；文學有文學之學，如《文心雕龍》屬於文學理論。又說：「凡事物必盡其真，而道理必求其是，此科學之所有事也；而欲求知識之真與道理之是者，不可不知事物道理之所以存在之由，與其變遷之故，此史學之所有事也；若夫知識道理之不能表以議論，而但可表以情感者，與夫不能求諸實地而但可求諸想像者，此則文學之所有事。」⑱他說古今中外之學問，實逃不出這三類的範圍。

世界上再沒有比學術分類更易生多義性，學者根據學科的特點和自己研究的方便，可以施行各種各樣的分類方法。錢基博的《現代中國文學史》，把晚清以來的文學先分成古文學和新文學兩大類，然後在古文學一編裏分文、詩、詞、曲四種文體，新文學一編裏分新民體、邏輯文、白話文三種文體，就文學史的寫法而言是很特別的，但錢氏其書自有其不可替代的價值。以此王國維的古今學問三類分法也只是各種分類中的一種，並不是說只有這樣的界分最合科學，而是表明他對學術分類問題不僅重視，而且在理念上有非常深刻的認知。靜安之學總是表現出對學術嬗變的敏感。

## 二五

現代學者中，胡適也是極重視學術分類的一人。他所提倡的「整理國故」的口號，就是試圖用現代學科分類的方法整理固有學術資源。所以他特別強調在整理的時候，要文學的歸文學，哲學的歸哲學，史學的歸史學。一九二二年北京大學正式成立國學門，研究力量分別來自國文、史學、哲學三系，已含有整理必須分類分科的意思。所以曹聚仁說：「國故一經整理，則分家之勢即成。」⑲⑨

而且清末民初以還的中國，西潮之影響已成不可抗拒之勢，學人面對的不僅僅是中國傳統學術，種類繁多的西學也被大規模引了進來，因爲此時之中國已是「世界之中國」（梁任公語），已往四部之學的分類格局正在發生動搖。姚名達因此發出代不爲繼的慨歎，其所著《中國目錄學史》寫道：「《四部》分類法不合時代也，不僅現代爲然。自道光、咸豐允許西人入國通商傳教以來，繼以派生留學外國，於是東西洋譯籍逐年增多。學問翻新，迴出舊學之外。目錄學界之思想不免爲之震蕩。」⑳⓪現代學術的建設，需要採用現代學科分類的方法，是傳統學術向現代衍變的結果，勢所必然，無以辭避。但也有例外，馬一浮就堅持「六藝」可以統攝一切學術，不僅可以「統攝中土一切學術」，也可以統攝「現在西來一切學術」㉑。他的著眼的是學問的會通，時人認同與否不一定最重要，所謂「知之爲知之，不知爲不知」是也。

如果說清末的學者，其第一流的人物所成就的還是通人之學，後五四時期的學者的學術成就在學科上就判然有分了。即如史學一門，已有學術史、思想史、哲學史、政治史、經濟史、法律史、軍事史、制度史、宗教史、文學史、藝術史等許多門類。而藝術史，也有書法、繪畫、音樂、舞蹈、雕塑、建築的分別。學者更重視個案的處理，往往對某一學科的一個分支的研究就可以名家。流風所及，後學至於以覓偏尋僻爲選題訣竅。研究方法則主要是分析的實證的方法。因此專家的地位愈來愈突出，通人之學反而不爲時尚所重了。這種情況，既是傳統學術走向現代的一個標誌，也是固有學術向現代轉變付出的代價。因爲人文學科任何時候都需要通才通儒通學。學科之不立，品目之不分，固是學術不發達的表現；但學科之間互爲畛域，不能打通，也足以滯礙學術的發展。

因此之故，中國現代學者中的一些最出色的人物，往往在致力於某一學科領域的專精研究的同時，又自覺不自覺地在打開學科間的限制。章太炎如是，王國維如是，梁啓超如是，蔡元培如是，馬一浮如是，胡適亦復如是。錢賓四之爲學，固然有融通四部之大目標；錢鍾書在談到自己的治學方法時也說，他是自覺地「求打通，以中國文學與外國文學打通，以中國詩文詞曲與小說打通」[202]，而《管錐編》一書，則是體現他綜合運用此種方法對古今中西各種學問尋求通解圓釋之當代無二的大著述。

# 第十章 中國現代學術的發端與繁盛

## 二六

中國現代學術這個概念，主要指對學術本身的價值已有所認定，產生了學術獨立的自覺要求，並在方法上吸收了世界流行的新觀念，中西學術開始交流對話；中國現代學術從發端到結出豐滿的果實，道路並不平坦；現代學者在五四前後創造的學術實績，證實中國學術迎來了新的繁盛期和高峰期。

寫到這裏，我們需要探討一下中國現代學術的發端、發展和繁盛的問題了。過去通常的說法，認爲中國近代的開端始於一八四〇年的鴉片戰爭，現代的開端始於一九一九年的五四運動。但這種以政治事變作爲學術思想史分期的依據，是有缺陷的。學術思想的變遷，自然不能不受社會政治結構的變化影響，但學術有自己內在發展的理路。中國現代學術這個概念，主要指學者對學術本身的價值已經有所認定，產生了學術獨立的自覺要求，並且在方法上吸收了世界上流行的新觀念，中西學術開始交流對話。如果這樣界定大體上可以爲大家所接受，就可以看出，清中葉的乾嘉漢學裏面已經根藏有現代學術的一些因數，而發端則應該是在清末民初這段時期。

至於發端的具體時間，似不好絕然化。一八九八年，嚴復發表《論治學治事宜分二途》，一九〇二年梁啓超發表《論學術之勢力左右世界》和《新史學》，一九〇四年王國維發表《紅樓夢評論》，這些論著的學術觀念發生了重大變化，或開始倡言學術獨立，強調學術本身的價值，或借鑒西方的哲學和美學觀點詮釋中國古代文學名著，傳統學術的範圍已經無法包容它們的治學內涵，說明中國學術的現代時期事實上開始了[203]。

嚴復的譯事開始於一八九八年，他以精熟海軍戰術和炮臺學的留英學生的身分，而去譯介西方的人文學術思想著作，這本身就值得注意。《天演論》的序言寫道：「風氣漸通，士知竞陋爲耻，而西學之事，問途日多。然亦有一二巨子，訑然謂彼之所知，不外象數形下之末；彼之所務，不逾功利之間，逞臆爲談，不咨其實。討論國聞，審敵自鏡之道，又斷斷乎不如是也。」[204]說明介紹西方學術思想伊始，就有其自覺性，目的是爲了開發民智，改變自己的固陋，消除對西方的誤解。嚴復說：「民智不開，則守舊、維新，兩無一可。」[205]他在一八九五年所作的《原強》一文，論析得也很透闢，其中寫道：「彼西洋者，無法與法並用而皆有以勝我者也。自其自由平等觀之，則捐忌諱，去煩苛，決壅蔽，人人得以行其事，申其言，上下之事不相懸，君不至尊，民不至賤，而連若一體者，是無法之勝也。自其農工商賈章程明備觀之，則人知其職，不督而辦，事至纖悉，莫不備舉，進退作息，未獲失節，無間遠邇，朝令夕改，而人不以爲煩，則是以有法勝也。」[206]又說：「凡所謂耕鑿陶冶，織任樹牧，上而至於官府行政，戰鬥轉輸，凡所謂保民養民之事，其精密廣遠，較之中國之所有作爲，其相越之度，有言之莫能信者。且其爲事也，又一一皆本之學術。其爲學術也，又一一求之實事實理，層累階級，以造於至大至精之域，蓋寡一事焉可坐論而不可起行者也。推求其故，蓋彼以自由爲體，以民主爲用。」[207]則又說明嚴之譯事發端於他對西方學術精神的理解，儘管涉及社會法律制度方面未免參雜有理想化的成份在內。

嚴復的翻譯，是中國現代學術發端的一個重要標誌。

另外，一九〇五年八月，清廷正式詔令廢止科舉考試制度，而代之以新式學堂，這爲現代學術的發展提供了制度方面的有利條件。舊式科舉轉變爲新式學堂，適成爲學術思想由傳統向現代轉變的一個契機。如同當時有開明人士所說：「科舉與學校有一最異之點，科舉之責望子弟也，在人人使盡爲人才，作秀才時便以宰輔相期許，故丱而角者，格致之字義未明，而治國平天下固以卒讀矣。學校之責望子弟也，在人人使盡具人格，自幼稚園以至強迫之學齡，有荒而嘻者，國家之科條有必及，在其父兄或保護人且加罪矣。一言蔽之，科舉思想務富少數人之學識，以博少數人之榮譽，而仍在不可知之數。其思想也，但爲個人，非爲國家也。學校思想務普全國人之知識，以鞏全國人之能力，而不容有一夫之不獲。其思想也，視吾個人即國家之一分子也。科舉之義狹，學校之義廣；科舉之道私，學校之道公。」⑳這分解得甚爲詳明。蓋科舉制度之下，讀書人的唯一進路是入於仕途，己身之學不過是一塊敲門磚，無任何獨立之價值可言。新式學校不同，它重視知識傳播，成就的是個人專業科目的基礎，所以知識獨立論的色彩有所增強。廢科舉、興學堂，改革國家的教育制度，是推動學術思想走向現代的非常重要的一步。

諸種因素組成的合力向我們昭示，一八九八年至一九〇五年前後這段時間，應該是中國現代學術的發端時期。

但中國現代學術由發端到結出較爲豐滿的果實，經過的道路是不平坦的。實際上，只有到了二十年代以後，也就是進入後五四時代，中國現代學術才逐漸呈現出繁榮的景象。這之前的將近二十年的時間，基本上還是處於現代學術發展的準備期和交錯期。從教育制度的變革與學術的興替之關係一方面來說，科舉廢而學堂興，是學術發展的一個契機。由新式學堂而建立正式的大學，是學術發展的又一個契機。一九一一年，北京大學在原京師大學堂的基礎上成立，這是中國第一所具有現代意義的大學。清華學堂也建立於同一年。但北大獲得現代學府的地位，是在一九一六年十二月蔡元培出任校長之後。清華則至一九二八年始成爲國立清華大學。這兩所現代學術人才培訓基地都是在二十年代以後作用更加突顯。

## 二七

雖然，五四前後那一歷史時期，知識分子被推到時代的前沿，思潮激蕩，學派紛繁，頗有諸子百家競相爲說的景象。但深入的研究顯得不夠，提出的問題多，解決的問題少，真正的學術建樹還不能盡如人意，研究機構也未遑走上正常的軌則。所以當時許多學人對學術的現狀頗爲不滿。

我們不妨舉出陳寅恪先生的一段話作爲例證。他是這樣寫的——

吾國大學之職責，在求本國學術之獨立，此今日之公論也。若持此意以觀全國學術現狀，則自然科學，凡近年發明之學理，新出版之圖籍，吾國學人能知其概要，舉其名目，已復不易。雖地質生物氣象等學可稱尚有貢獻，實乃地域材料關係所使然。古人所謂慰情聊勝無者，要不可據此而自足。西洋文學哲學藝術歷史等，苟輸入傳達，不失其真，即為難能可貴，遑問其有所創獲。社會科學則本國政治社會財政經濟之情況，非乞靈於外人之調查統計，幾無以為研求討論之資。教育學則與政治相通，子夏曰仕而優則學，學而優則仕。今日中國多數教育學者庶幾近之。至於本國史學文學思想藝術史等，疑若可以幾於獨立者，察其實際，亦復不然。近年中國古代及近代史料發見雖多而具有統系與不涉傅會之整理，猶待今後之努力。今日全國大學未必有人焉，能授本國通史，或一代專史，而勝任愉快者。昔元裕之、危太朴、錢受之、萬季野諸人，其品格之隆迂，學術之歧異，不可以一概而論；然其心意中有一共同之觀念，即國可亡，而史不可滅。今日國雖倖存，而國史已失其正統，若起先民於地下，其感慨何如？今日與支那語同系，諸語言猶無精密之調查研究，故難以測定國語之地位，及辨別其源流，治國語學者又多無暇為歷史之探討，及方言之調查，論其現狀似尚注意宣傳方面。國文則全國大學所研究者，皆不求通解及剖析吾民族所承受文化之內容，為一種人文主義之教育，雖有賢者，勢不能不以創造文學為旨歸。殊不知外國大學之治其國文

方可能造就專門的學術人才。北大國學門的主任是太炎弟子沈兼士，他在《國學門建議書》裏聲言：「竊惟東方文化自古以中國爲中心，所以整理東方學以貢獻於世界，實爲中國人今日一種責無旁貸之任務。」並進一步號召說：「以中國古物典籍如此之宏富，國人竟不能發揮光大，於世界學術界中爭一立腳地，此非極可痛心之事耶。」⑫抱定的目標雖主要是整理舊學，但以北大當時作爲新思潮的發源地和學術人才的淵藪，其對學術風氣的影響和推動自可想見。

清華國學研究院的旨趣，是要研究高深學術，培養通才碩學，故其章程中強調：「良以中國經籍，自漢迄今，注釋略具，然因材料之未備與方法之未密，不能不有待於後人之補正。又近世所出之古代史料，至爲夥頤，亦尚待會通細密之研究。其他人事方面，如歷代生活之情狀，言語之變遷，風俗之沿革，道德、政治、宗教、學藝之興衰；自然方面，如川河之遷徙，動植物名實之繁頤，前人雖有記錄，無不需專門分類之研究。至於歐洲學術，新自西來，凡哲理文史諸學，非有精深比較之研究，不足以挹其精華而定其去取。要之，學者必志其曲，復觀其通，然後足當指導社會昌明文化之任。」⑬此章程實際上起到了爲現代學術的研究事業提綱立領的作用。更不要說二十年代末成立中央研究院，爲國家建立頂尖級的學術中樞機構，於現代學術的發展會有怎樣的帶領意義。

果不其然，現代學術史上許多重要著作，都是學者進行「會通細密之研究」或「專門分類之研究」的結果。梁啓超的《中國歷史研究法》、王國維的《古史新證》、趙元任的《現代吳語的研究》、蔡元培的《中國倫理學史》、魯迅的《中國小說史略》、熊十力的《新維識論》、梁漱溟的《中國文化要義》、馮友蘭的《中國哲學史》和《貞元六書》、錢穆的《中國近三百年學術史》和《國史大綱》、陳寅恪的《隋唐制度淵源略論稿》和《唐代政治史述論稿》、陳垣的《元西域人華化考》和《通鑒胡注表微》、郭沫若的《甲骨文研究》和《金文叢考》、范文瀾的《文心雕龍注》、董作賓的《甲骨文斷代研究例》、顧頡剛的《漢代學術史略》、馬一浮的《泰和會語》和《宜山會語》、余嘉錫的《目錄學發微》和《古書通例》、楊樹達的《積微居小學金石論叢》、蕭公權的《中國政治思想史》、湯用彤的《漢魏兩晉南北朝佛教史》、太虛的《真現實論》、錢基博的《現代中國文學史》、吳梅的《顧曲麈談》和《曲學通論》、潘光旦的《中國伶人血緣之研究》、雷海宗的《中國文化和中國的兵》、洪業的《杜詩引得序》、金岳霖的《論道》和《知識論》等現代學術史上具有經典意義的著作，都成書於此一時期，體現出中國現代學術的實績。

說來不可思議。二十年代也好，三十年代和四十年代也好，都是中國內憂外患、戰亂頻仍、社會動蕩時期，並不是最適宜學術生長的環境。至少與乾嘉諸老所擁有的社會安定、生活優渥的學術條件，相差遠矣。可是當時的學術就是有一種不可阻遏的勢頭。國內戰爭不能阻遏，反對日本帝國主義侵略的民族戰爭也不能阻遏。就連戰時被迫南遷的北大、清華、南開等校組成的西南聯合大學，以及地處四川的燕京大學，儘管隨時有遭空襲的危險，校園裏仍然充滿濃厚的學術空氣。陳寅恪的《唐代政治史述論稿》和《隋唐制度淵源略論稿》，馮友蘭的《貞元六書》，都寫成於此時。錢鍾書的《談藝錄》，也是「兵濘偷生」之作。而金岳霖的《知識論》更其悲慘，幾十萬字的手稿，在昆明躲空襲時坐在上面，警報解除竟忘記了帶走，等到去找，已渺無蹤跡。只好重新寫起，至一九四八年十二月再次竣稿，但出版已經是三十五年後的一九八三年了。

究竟是什麼因素給了現代學者以如此堅韌頑強的支持力量？固然與民族精神的激發義憤著書不無關係，但歸根結底還是學術本身的因素在起作用，誠如梁任公所說，公開的趣味的研究，是學術發達的必要條件。因爲晚清至五四時期的幾十年時間裏，現代學術奠立了堅實的基礎，並在實際上形成了自己的傳統。

# 第十一章 中國現代學術的學術傳統

## 二九

中國現代學術在其發展過程中形成了多方面的傳統，包括學術獨立的傳統、科學考據的傳統、廣為吸納外域經驗而又不忘本民族歷史地位的傳統，以及既重視現代學術分類又重視通學通識和學者情懷的傳統；他們之中的第一流人物，知識建構固然博大精深，其閃現時代理性之光的學術著作，開闢意義和精神價值，足可以作為現代學術的經典之作而當之無愧。

中國現代學術在後五四時期所創造的實績，使我們相信，那是清中葉乾嘉之後中國學術的又一個繁盛期和高峰期。而當時的一批大師巨子，其人其學其績其跡，足可以傳之後世而不被忘記。他們撰寫的學術著作，在知識建構上固然博大精深，同時閃現著時代的理性之光，其開闢意義、其精神價值，都可以作爲現代學術的經典之作而當之無愧。甚至可以說，他們之中的第一流人物既起到了承前啓後的作用，就個人學養而言又是空前絕後的。因爲他們得之於時代的賜予，在學術觀念上有機會吸收西方的新方法，這是乾嘉諸老所不具備的，所以可說是空前。而在傳統學問的累積方面，也就是家學淵源和國學根底，後來者怕是無法與他們相比肩了。

至於那一時期學界勝流爲學精神的堅韌性和頑強性，則是時代風雨和學術理性雙重鑄造的結果。他們中的許多人並不是一開始就致力於學術，而是受時代潮流的激蕩，往往一個時期無意爲學，有心問政。康有爲、梁啓超、章太炎、黃侃、熊十力等莫不如是。章太炎曾經是聲名顯赫的革命家，世所共知。黃侃和熊十力年輕時也曾熱衷於政治活動，甚至一度成爲地方上的群衆領袖。但中年以後，漸悟政治之不可爲，轉而潛心學術，又卓然立說成家。這種情況，即豐富的人生閱歷反而增加了沈潛學問的深度，使得他們的學術歷練和文化擔當與清初大儒有一脈相承之處，而後來又能夠漸次做到以學問本身爲目的，其學術訓練和執著單純之精神，頗類乾嘉諸老。

當然五四前後的風雲人物並不是所有的都實現了這種學術思想上的轉變，所以同爲現代學人，其爲學實有深淺輕重厚薄之分別。流行一時而終爲歷史所淘汰者並非沒有。但富有人文精神的學者情懷又爲當時第一流人物所同具。這裏不妨舉出一個方面作爲例證，即現代學者中許多都能詩，有的不僅是一般的能寫詩、會寫詩、喜歡寫詩，而是擅長寫詩，詩是他們生命的一部分，是學之別體，他們是貨真價實的學人兼詩人。他們之中如王國維、馬一浮、陳寅恪、魯迅、郭沫若、蕭公權、錢鍾書等，既是第一流的學人，又是第一流的詩人。馬一浮的學問，主要在詩裏。陳寅恪如果離開了詩，會增加生命的苦痛。學者能詩也是中國現代學術的一個傳統。

## 三〇

中國現代學術發展的大關鍵處，還在於對學術獨立這個問題採取何種立場。學術是否獨立，首要的是能否把學問本身作爲目的。梁任公晚年對自己和同時代學人所作的反省，值得我們深思。他是一個過來人，曾不遺餘力地介紹各種新思想，但他並不高估自己的努力，稱這種「梁啓超式的輸入」有「無組織，無選擇，本末不具，派別不明」的缺點。他說當時一些「新學家」的局限，除了對西方學術思想的介紹顯得籠統、浮淺、破碎、稗販諸弊之外，更有一種根源，就是「不以學問爲目的而以爲手段」。他說：

時主方以利祿餌誘天下，學校一變名之科舉，而新學亦一變質之八股。學子之求學者，其什中八九動機已不純潔，用為『敲門磚』，過時則拋之而已。此其劣下者，可勿論。其高秀者，則亦以『致用』為信條，謂必出所學舉而措之，乃為無負。殊不知凡學問之為物，實應離『致用』之意味而獨立生存，真所謂『正其誼不謨其利，明其道不計其功』。質言之，則有『書呆子』，然後有學問也。晚清之新學家，欲求其盛清先輩具有『為經學而治經學』之精神者，渺不可得。其不能有所成就，亦何足怪？[214]

又說：

啟超雖自知其短，而改之不勇，中間又屢為無聊的政治活動所牽率，耗其精而荒其業。識者謂啟超若能永遠絕意政治，且裁斂其學問欲，專精於一二點，則於將來之思想界尚更有所貢獻，否則亦適成為清代思想史之結束人物而已。[215]

他力主學術應該「獨立生存」，反對世俗功利浸染於學術之中，希望把學術作爲一種單獨的職業。而懸起之傳統的模楷，則是盛清學者爲學術而學術的精神。這說明晚年的任公先生已超越了清末新學的藩籬，開始與王國維的學術思想趨於合流。

王國維早就提出：「學術之發達，存於其獨立而已。」[216]又說：「吾國今日之學術界，一面當破中外之見，而一面毋以爲政論之手段，則庶幾可有發達之日矣。」[217]一九二五年九月，任公先生還以《學問獨立與清華第二期事業》爲題，在《清華周刊》上發表文章，對學術獨立的必要性給以專門論述。陳獨秀也著文論述：「中國學術不發達之最大原因，莫如學者自身不知學術獨立之神聖。譬如文學自有其獨立之價值也，而文學家自身不承認之，必欲攀附《六經》，妄稱『文以載道』，『代聖賢立言』，以自貶抑。史學亦自有其獨立之價值也，而史學家自身不承認之，必欲攀附《春秋》，著眼大義名分，甘以史學爲論理學之附屬品。」[218]馮友蘭、蕭公權、朱光潛也都就學術獨立問題寫過專論。蕭公權寫道：「爲了使得教育發生它固有的功能，我們必須把學術自身看成一個目的，而不把它看成一個工具。國家社會應當有此認識，治學求學者的本人應當有此認識。所謂學術獨立，其基本意義不過就是尊重學術，認學術具有本身的價值，不准濫用它以爲達到其他目的之工具罷了。」[219]朱光潛則對學術的所謂實用不實用問題作了詳盡的辨析，申論說：

> 學術原來有實用，以前人研究學術也大半因為它有實用，但人類思想逐漸發達，新機逐漸呈露，好奇心也一天強似一天，科學哲學都超過實用的目標，向求真理的路途走去了。真理固然有用，但縱使無用，科學家哲學家也決不會因此袖手吃閒飯。精密說起來，好奇與求知是人類天性。穿衣吃飯為饜足自然的饜要，求學術真理也不過為饜足自然的要求。誰能說這個有實用，那個就沒有實用呢？我們倘若要對學術有所貢獻，我們要趁早培養愛真理的精神，把實用主義放在第二層上。[220]

陳寅恪更是畢生爲學術獨立而訴求抗爭，自己則成爲走學術獨立道路的最典型的現代學者。可以肯定，主張並堅持學術的獨立地位和獨立價值，是中國現代學術的一個最重要的傳統，許多學人的力量源泉即本於此。

不過，如果進一步追尋中國現代學人心中筆下的學術獨立的涵義，可以發現事實上既包括學者個人的學術獨立，也包括一國學術之獨立。所以梁任公在闡釋學術獨立的思想時，提的是「凡一獨立國家，其學問皆有獨立之可能與必要」、「一國之學問之獨立，例須經過若干時期適能完成」等等[221]。這並不奇怪，因爲晚清東西方文化衝突和傳統價值崩陷的大背景，古與今、中與西迎拒去取，始終是那一時代的學人擺脫不掉的問題。反思傳統和回應西學，構成了中國現代學術的思想基底。中國傳統學術一向缺少獨立的傳統，因此就需要別開生面，強調學術獨立。西方學術思想洶湧而來，當然首先是引進，也就是魯迅所說的「拿來主義」；但拿來之後，確實有一個消化吸收的過程。於是便衍生出學術獨立的第二義諦。換句話說，現代西方的思想學術和我們自己固有的傳統，它們怎樣才能在走向現代中國的途路中互相融通，化育新生，不能不成爲有關懷的現代學人焦思竭慮的問題。在這個問題上，五四一代學人爲我們奠立了一個極好的傳統，這就是融化新知而又不忘記本民族歷史地位的傳統。

東西學術之學理和心理的共通性，五四勝流均有共識。王國維主張，學術所爭論的，在是非真僞，而不應攙雜國家、人種、宗教之偏見。他說：「知力人人之所同，人人之所不得解也。其有能解釋此問題之一部分者，無論其出於本國或出於外國，其償我知識上之要求，而慰我懷疑之苦痛者則一也。」㉒又說：「同此宇宙，同此人生。而其觀宇宙人生也，則各不同。以其不同之故，而遂生彼此之見，此大不然也。」㉓但對於西方學術思想當晚清之時如何輸入的問題，王國維意識到有困難的一面，政治上的疑慮和宗教上的嫌忌，他認爲都足以構成障礙，而不像佛教的輸入那樣順理成章。他說：「非常之說，黎民之所懼；難知之道，下士之所笑。此蘇格拉底之所以仰藥，婆魯諾所以焚身，斯披諾若之所以破門，汗德之所以解職也。其在本國且如此，況乎在風俗文物殊異之國哉！」所以他的結論是：「西洋之思想之不能驟然輸入我中國，亦自然之勢也。況中國之民，固實際的，而非理論的，即令一時輸入，非與我中國固有之思想相化，決不能保其勢力。」[224]靜安此段言說，人情、國法、學理、風俗、習慣，都在在考慮到了，由不得讓人信服。輸入之思想要與我國國有思想「相化」，雖不是新說，卻是的論。

陳寅恪在爲馮友蘭的《中國哲學史》下冊撰寫審查報告時，說得更明確：

竊疑中國自今日以後，即使能忠實輸入北美或東歐之思想，其結局當亦等於玄奘唯識之學，在吾國思想史上，既不能居最高之地位，且亦終歸於歇絕者。其真能於思想上自成系統，有所創獲者，必須一方面吸收輸入外來之學說，一方面不忘本來民族之地位。此二種相反而適相成之態度，乃道教之真精神，新儒家之舊途徑，而二千年吾民族與他民族思想接觸史之所昭示者也。[225]

王國維強調與我國固有思想「相化」，陳寅恪主張「不忘本民族之地位」，雖至今日，仍爲不刊之論。他們的學術實踐也足爲後來處理此一問題者樹立楷模。王由西方哲學美學思想轉向中國古代思想與制度的研究，自然帶入了異域的觀念和方法，可是我們在王的著作中看到的是彼此的相融，而不是外加物的羅列。而陳更加徹底，國外求學十數餘年，通識多種文字，己身之著述至少在語言符號方面幾乎看不出受西方學術思想影響的痕跡。王、陳的同時也就是中國現代學術的一個傳統，是一方面吸收外來之學說，一方面又不忘記自己民族的歷史地位。

## 三

中國現代學術的奠立與發展，實際上還經歷了一個方法學的變革過程。這個過程首先起於西學的刺激，而嚴復實有首倡之功。嚴譯諸書在方法學上給與人們的啓迪比書中的原理所給與的還重要。

特別是嚴復爲所譯各書所寫的按語，尤具方法學的意義。中國傳統學術所缺乏的，是邏輯的方法和實驗的方法。正如嚴復在《穆勒名學》的按語中所舉的一個例證：一位中國學人和一個西方人爭論西方到底富強不富強的問題，這位中國學人說：「富者不遠適異國以求利，今西人遠適異國以求利矣，則非富也。」㉖又說：「強者無事人之保護，今西人立約以求保護矣，則非強也。」㉗大前提不能成立，推論之繆誤自不待言。鑒於國人有這樣的思維慣性，嚴復特別重視邏輯學的引進，稱邏輯是「一切法之法，一切學之學」㉘，因此在翻譯了《穆勒名學》之後，又出版了傑文斯的《名學淺說》，直接目的是爲了給天津的一個女學生講授邏輯學，便於「喻人而已」，而不管是否盡合於原文的義旨。㉙對於傳統學術的訓詁的方法，嚴復也深知利弊，指出訓詁並不等於界說，只不過是「同名互訓，以見古今之異言而已」㉚。西方的科學方法，嚴復認爲包括三個層次：一是考訂，二是貫通，三是試驗。嚴復說：「試驗愈周，理愈靠實矣，此其大要也。」㉛晚清以還實證的方法大興，與嚴復的提倡有直接關係。當然地下發掘物的增多、甲骨文字的發現，也給實證的方法以更多的用武之地。

胡適不用說更是科學方法的積極倡導者。

嚴復比胡適大三十七歲，嚴的譯著對胡適發生影響應該不成問題，但在方法學上胡適受美國哲學家杜威實驗主義的影響更爲明顯。《胡適口述自傳》寫道：「我治中國思想與中國歷史的各種著作，都是圍繞著『方法』這一觀念打轉的。『方法』實在主宰了我四十多年來所有的著述。從基本上說，我這一點實在得益於杜威的影響。」

㉜一九一七年他在哥倫比亞大學所作的博士論文，題目就是《古代中國邏輯方法之進化》。翻開他的著作目錄，到處可見與方法有關的題目。不僅從西方思想家身上，而且從宋儒的著作中，從清代樸學家的家法裏，隨時能夠發現令他驚喜的「科學方法」。他撰寫的《研究國故的方法》、《考證學方法之來歷》、《考據學的責任與方法》、《治學的方法與材料》、《中國哲學裏的科學精神與方法》、《清代學者的治學方法》等文章，都是專門闡釋方法學的名篇。而考證《水滸傳》、《紅樓夢》、《西遊記》等作品的文字，則是他開闢的應用科學方法研究古典名著的試驗田。

他一九二一年冬天曾說：

> 我這幾年的講學的文章，範圍好象很雜亂，從墨子《小取篇》到《紅樓夢》，目的卻很簡單。我的唯一的目的，是注重學問思想的方法。故這些文章，無論是講實驗主義，是考證小說，是研究一個字的文法，都可以說是方法論的文章。㉝

他喜歡引用赫胥黎的一句話：「拿證據來。」他說正是赫胥黎和杜威兩個人，讓他明白了「科學方法的性質和功用」㉞。因此強調他的小說考證：「都只是思想學問的方法的一些例子。在這些文字裏，我要讀者學得一點科學精神，一點科學態度，一點科學方法。科學精神在於尋求事實，尋求真理。科學態度在於撇開成見，擱起感情，只認得事實，只跟著證據走。科學方法只是『大膽的假設，小心的求證』十個字。」㉟胡記考證學的「十字箴言」，就這樣輕鬆地表述出來了。儘管批評者無算，當塵埃落定的今天重新加以檢討，我們實在看不出他的「十字箴言」有什麼不妥之處。本來早期他是推崇西哲的歸納法的，後來意識到演繹法同樣重要，歸納和演繹的互用是科學發明的常態。他以宋儒說得口滑的「格物致知」作爲例證，說明追求「一旦豁然貫通」的絕對智慧，和追求科學的不能同日而語，儘管其中不無一定程度的歸納精神。只有到了清代的樸學家那裏，才出現學術史的大轉機，終於有了屬於中國自己的研究學問的科學方法。

胡適對清儒治學方法的總結可謂苦心孤詣。戴東原對《尙書・堯典》裏「光被四表」的「光」字的考證，胡適認爲是「大膽的假設，小心的求證」的典範㊱。他甚至認爲：「發明一個字的古義，與發現一顆恒星，都是一大功績。」㊲五四時期流行的兩個口號「民主」與「科學」，胡適認爲就科學而言主要也表現爲一種方法。到了晚年，他仍然堅持：「科學不是堅甲利兵，飛機大炮，也不是聲光電化。那些東西都是科學的出產品，並不是科學本身。科學本身只是一個方法，一個態度，一種精神。」㊳在胡適身上，確乎有一種方法普式化和方法萬能論的傾向[239]。如果說胡適在中國現代學術上的正面建樹，人們還時有疵議的話，那麼他爲推動方法學所作的努力無論如何不能低估。連對胡適不肯買帳的熊十力也承認：「在五四運動前後，適之先生提倡科學方法，此甚緊要。又陵先生雖首譯名學，而其文字未能普遍。適之銳意宣揚，而後青年皆知注重邏輯。視清末民初，文章之習顯然大變。」[240]這說得完全符合歷史實際。

中國現代學術傳統中的直承乾嘉的科學考據之風和重視實證的研究方法的形成，胡適之先生的確有首倡力行之功。

## 三

總而言之，可以說中國現代學術在其發展過程中形成了多方面的學術傳統。

筆者以上所略及的，包括堅持學術獨立的傳統、科學考據的傳統、廣爲吸納外域經驗而又不忘本民族歷史地位的傳統、以及學者能詩的傳統，和既重視現代學術分類又重視通學通儒的傳統等等，只不過是舉其要者稍事評說。至於那一時期許多學人立身行事之逸出常格和流品之高，多有令人感歎而可歌可泣者。如康有爲燒書，章太炎被目爲

「瘋子」，梁啓超的「不惜以今日之我難昔日之我」，王國維的自殺，蔡元培的出走，馬一浮歸隱，李叔同出家，黃侃拜師，辜鴻銘著前清裝束執教於北京大學，胡適之講課看見女生衣服單薄而走下講臺親手關窗，梁漱溟和毛澤東吵架，錢鍾書論學以手杖捅破睡覺的蚊帳，以及傅斯年的雄霸、熊十力的傲岸，陳寅恪的深憂，吳宓的浪漫，湯用彤的溫良等等，這樣一些異事奇節、嘉德懿行，當時後世必有警世勵人及啓迪心智的作用。

本文沒有涉及甚至現代學術遇到了卻沒有來得及解決的問題還有很多，例如社會科學和人文學科的界分以及學科內部和學科之間的整合問題，至今仍不能說已經完成。我們重視的是中國現代學術的基本經驗和最主要的傳統。後來者當不會忘記，中國現代學術的許多成果是在動蕩中取得的，在戰亂中取得的，在困境中取得的。不能不佩服前輩大師們的毅力和他們對待學術事業的執著精神，因此我們也就應該格外重視並珍惜他們在兩難境遇中奠立的現代學術傳統。

# 第十二章　尋找學術史具有恒在意義的東西

三三

學術發展必須有前人的成果為依憑，每一個時代都要經過整理和重估前人成果的過程；清代學術是對宋明學術的一次整理，民初對清代學術的評價也包含有整理的內容；我們之所為只是一次初步的整理工作，意在尋找現代學術史中更具有恒在意義的東西。

中國兩千多年來的學術流變，有三個歷史分際之點最值得注意：一是晚周，二是晚明，三是晚清。都是天崩地解、社會轉型、傳統價值發生危機、新思潮洶湧競變的時代。初看起來，明清易代似乎與春秋時期以及清末民初大有不同。實際上明清之際文化裂變的深度和烈度，絲毫不讓於另外兩個歷史時期；而就學術思想的嬗變而言，還有其他時期不可比擬之處。明清之際學術思想的變化，更隱蔽，更蜿曲，更悲壯。

如果說先秦諸子和晚清各家是用舌和刀、紙和筆來表達自己的思想，那麼明末清初的士階層則是用血和淚來書寫歷史的冊頁。這也就是陳寅恪先生晚年爲什麼以病殘之軀、十易寒暑，一定要寫成《柳如是別傳》的緣故。且看《別傳》第一章下面的話：

雖然，披尋錢柳之篇什于殘闕毀禁之餘，往往窺見其孤懷遺恨，有可以令人感泣不能自已者焉。夫三戶亡秦之志，九章哀郢之辭，即發自當日之士大夫，猶應珍惜引申，以表彰我民族獨立之精神，自由之思想。何況出於婉孌倚門之少女，綢繆鼓瑟之小婦，而又為當時迂腐者所深詆，後世輕薄者所厚誣之人哉。㉔①

明清易代既是我國社會歷史的轉捩點，也是理解華夏學術思想嬗變的一個樞紐。陳寅恪標舉的「我民族獨立之精神，自由之思想」，在明清之際表現得最見力度，而這也就是中華學術思想的精華和走向現代的方向。

晚清之學術變革在某種意義上可以看作是明清之際思想嬗變的繼續和重演。但在形式上，晚清的變局和文化衝突更像晚周的諸子百家爭鳴競放的局面。由於歐風美雨的劇烈衝擊，中國固有傳統面臨挑戰，文化秩序陷於重組重建的大動蕩之中。此一時期學術思想之多元，學派之紛繁，只有春秋戰國時期差可比並。但中國現代學術的後續之路走起來並不平坦。相當一段時間，我們忘記了晚清以來的新的學術傳統，更不要說對這一時期的學術成果加以系統整理。然而學術的發展必須有前人的成果爲依憑，每一個時代都要經過整理和重估上一代學術的過程。清代學術是對宋明學術的一次整理。民初對清代學術的評估，也包含有整理的內容。因此有梁任公的《清代學術概論》、《中國近三百年學術史》和錢穆的《中國近三百年學術史》應運應時而生。

我和我的一些朋友所作的，也是試圖重新整理前代學術的工作，實際上也可以說是一次補課，是隔代整理。陳寅恪詩：「後世相知或有緣。」242相知不敢，但與前輩學者建立一種相續相接的因緣關係，確是我們的私心所願。

## 三四

梁啓超當年撰寫《清代學術概論》，在結尾處標列出自己著此書的四點宗旨：第一，可見我國民確富有學問的本能，我國文化史確有研究價值，即一代而已見其概。故我輩雖當一面儘量吸收外來之新文化，一面仍不可妄自菲薄，蔑棄其遺產。第二，對於先輩之學者的人格，可以生一種觀感。所謂學者的人格者，爲學問而學問，斷不以學問供學問以外之手段。故其性耿介，其志專一，雖若不周於世用，然每一時代文化之進展，必賴有此等人。第三，可以知學問之價值，在善疑，在求真，在創獲。所謂研究精神者，歸著於此點。不問其所疑所求所創者在何部分，亦不問其所得之巨細，要之經一番之研究，即有一番貢獻。必如是始能謂之增加遺產，對於本國之遺產當有然，對於全世界人類之遺產亦當有然。第四，將現在學風與前輩學風相比照，令吾曹可以發現自己種種缺點。知現代學問上籠統影響凌亂膚淺等等惡現象，實我輩所造成。此等現象，非徹底改造，則學問永無獨立之望，且生心害政，其流且及於學問社會以外。吾輩欲爲將來之學術界造福耶？抑遺罪耶？不可不取鑒前代得失以自策勵。[243]

如果把任公先生標列的上述四點宗旨，移來作爲我們編纂《中國現代學術經典叢書》的旨趣，也若合符契，尤可證明我們今天所遇到的問題和五四先賢當時所面對的問題有驚人的相似之處。

## 三五

雖然，評騭前代學術思想之得失並不是一件輕鬆容易的事情。

一九三六年錢基博爲其自著《現代中國文學史》寫「四版增訂識語」，頗議及晚清以還的學界風氣和當時諸名流的思想變遷，寫道：「我生不辰，目睹諸公袞袞，放言高論，喜爲異說而不讓，令聞廣譽施於身，而不自知諸公之高名厚實何莫非億兆姓之含冤茹辛，有以成之。」[244]接下去說到了當時的一些人物：「有自始爲之而即致其長慮卻顧者，章炳麟是也。有自始捨舊謀新，如恐不力，而晚乃致次骨之悔以明不可追者，陳三立、王國維、康有爲、嚴復、章士釗是也。有惟恐落伍，競競焉日新又新以爲追逐，而進退維谷，卒不掩心理之矛盾者，梁啓超、胡適是也。」[245]因爲是寫文學史，他不能不提到晚清到民初的大詩人陳三立。儘管描述的是這些人對待社會變革的態度和他們的立身行事，我們仍可以從中悟出，清末民初以來的社會思潮不管如何沈浮跌宕，歷史的河流裏總有我們需要的而且是可以追尋得到的更趨穩定的東西。

陳寅恪一九二九年爲王國維撰寫紀念碑銘，其詞曰：「士子讀書治學，蓋將以脫心志於俗諦之桎梏，真理因得以發揚。思想而不自由，毋寧死耳。斯古今仁聖所同殉之精義，夫豈庸鄙之敢望。先生以一死見其獨立自由之意志，非所論於一人之恩怨，一姓之興亡。」[246]二十三年後的一九五三年十二月一日上午，時任教於廣州中山大學年已六十有三的寅恪先生，對碑文的內容作了一次罕見的闡揚。那是他的學生汪籛南下來探望老師，有說服老師北上就科學院歷史第二所所長之意，於是口述了一篇《對科學院的答覆》。他說：

我認為研究學術，最主要的是要具有自由的意志和獨立的精神。所以我說「士子讀書治學，蓋將以脫心志於俗諦之桎梏。」「俗諦」在當時即指三民主義而言。必須脫掉「俗諦之桎梏」，真理才能發揮，受「俗諦之桎梏」，沒有自由思想，沒有獨立精神，即不能發揚真理，即不能研究學術。學說有無錯誤，這是可以商量的，我對於王國維即是如此。王國維的學說中，也有錯的，如關於蒙古史上的一些問題，我認為就可以商量。我的學說也有錯誤，也可以商量，個人之間的爭吵，不必芥蒂。我、你都應該如此。我寫王國維時，中間罵了梁任公，給梁任公看，梁任公只笑了笑，不以為芥蒂。我對胡適也罵過。但對於獨立精神，自由思想，我認為是最重要的，所以我說「惟此獨立之精神，自由之思想，歷千萬祀，與天壤而同久，共三光而永光」。我認為王國維之死，不關與羅振玉之恩怨，不關滿清之滅亡，其一死乃以見其獨立自由之意志。獨立精神和自由意志是必須爭的，且須以生死力爭。正如詞文所示，「思想而不自由，毋寧死耳。斯古今仁賢所同殉之精義，其豈庸鄙之敢望」。一切都是小事，惟此是大事。碑文中所持之宗旨，至今並未改易。[247]

何謂我所說的中國現代學術史上具有恒在意義的東西？誦讀了《王觀堂先生紀念碑銘》，再看到作者對碑銘內容的深切闡發，我想我們已經思過半矣。人的個體生命在歷史的長河裏，只不過是小得不能再小的一芥漂浮物，或就是浮漚而已；但人類智慧的彩虹，可以讓歷史的河流變得格外璀璨奪目。絕對的絕對論，可以讓歷史喪失生命，活人變成死人；絕對的相對論，是虛無主義的避難所，能夠使人類喪失任何自信。歷史沒有空白，人類的精神造物總有一些是既屬於過去又屬於未來的東西。中國現代學術所建構的諸多傳統，不單屬於學人自身，也是吾民族從傳統走向現代的共同記憶。

有的研究者把那一時期的人物分成自由主義者、保守主義者、激進主義者三個派別，我想這樣判然界分無助於達致對歷史人物的瞭解之同情。而且，如此界分還有一個危險，就是很容易用今天的思潮去沖洗昨天的人物。事實上這種情況已經多次發生了，所以才不時出現此一時期舉擡這一部分人物，彼一時期舉擡另一部分人物的現象，往賢昔哲成了時人手中的遊戲卡，致使歷史失其本真。錢著《現代中國文學史》的有些觀點我們自然不必盡同，但其書確有優長之處，主要是特見獨出而不爲時論所擺佈，掘發到了有定在性的歷史文化精神。所以他敢於宣稱：「吾知百年之後，痛定思痛，必有沈吟反覆於吾書，而致戒於天下神器之不可爲，國與天地之必有與立者。」[248]

我立意編纂《中國現代學術經典》，有一潛在的目的，即祈望能夠梳理出現代學術史上那些具有恒在意義的東西。所謂經典，主要指在學科上有開闢意義、對某一領域的研究有示範作用，既爲後來者開啓無窮法門，又留下未決之問題供研究者繼續探究。彌久不變和與時俱新，是經典的兩個方面的品格。我不敢說我們之所選全部都是經典，但至少它們有經典意義存焉。著眼點完全在學術，尤重視學術本身的獨立價值，采擇去取儘量做到不受學術以外因素的牽擾。所選各家，言論主張各異，學養人格有殊，其於家國、世道、人心，俱可執偏而補全。

學術之立名，理應包括人文學科、社會科學和自然科學，茲編所限，自然科學部分沒有收入，社會科學的內容亦未凸顯，著眼點主要在能夠與傳統學術相接的人文學術部分，雖有遺憾，也是無可如何之事。相信今天的學子若要使自己學有宗基，取徑有門，傳承有緒，中國現代學者的這些具有經典意義的著作不只無法繞行，且將成爲他們獲得學思靈感的重要源泉。

一九九六年二月竣稿
二〇〇二年八月潤改
二〇〇六年六月修訂

# 後記

本書原是我爲《中國現代學術經典》叢書寫的總序。當時初無長篇大論之想，只不過寫著寫著，收不住了，竣稿的時候，連同注解差不多有六萬字。因此朋友說我是在學梁任公，當年任公先生爲蔣方震的《歐洲文藝復興史》作序，就寫了五萬多字，「篇幅幾與原書埒」，結果不得不向蔣書「宣告獨立」，自成《清代學術概論》一書。如今我的序也以《中國現代學術要略》的名目成書，大約跳到黃河我也洗不清了。

然則又確有不同。任公先生的序一九二〇年十月寫就，十二月已由商務印書館出版。我的這篇序完稿於一九九六年二月，如今已過去整整十年。中間不是沒有過想出單行本的念頭，友人也屢以此相催促，終因種種緣由而作罷。其實主要是需要有比較充裕的時間從頭到尾重新增補改潤。二〇〇二年做了一部分，後來又擱下了。此序文所以在學界有較大影響，實與《中華讀書報》一九九六年十二月十八日和二十五日以四個整版的篇幅連續披載有關。當時刊載時，就用了《中國現代學術要略》的題目。看到的人很多，師友以及一些相識或不相識的讀者，不少都打來電話或寫來了信。至今我保留的信札仍有三十餘通。大都是鼓勵之辭，也有的發現舛誤給以訂正。特別讓我感動的是，戴逸、李亦園、葉秀山、虞萬里、馮天瑜、林慶彰、鄧小軍、揚之水等學界名素，也都有手教貽我。

虞萬里先生我聞名而未嘗一面，他對我行文中把章太炎、黃侃、劉師培一例以師弟子連屬的誤植，精心是正以教我。原信不長，雖已附錄於書後，仍抄錄如下與讀者共餉。

劉夢溪先生：

大著《學術要略》鳥瞰二十世紀學術，提要勾玄，綱舉目張，詢不可多得之傑構。加之文筆流暢，若長江黃河，一氣呵成，足以鎮此叢書以垂不朽。拜讀一遍，意猶未盡。唯先生謂「章氏弟子有黃侃、劉師培者，秉承師風，堅執古文經的立場」云云，意申叔未嘗師事太炎，唯儀征劉氏四世治《左傳》，申叔又於經學極為精專，故太炎深敬之，而侃以少申叔兩歲而拜之為師，不知先生以為然否。恐叢書刊出難以補故，特致函相商，聊供抉擇。又《讀書報》文末無注，若先生別有鉛印件，乞擲下置之鄴架。余點

校之《馬一浮集》今年可出，附告，顓此敬頌

著安。

虞萬里頓首　丁丑正月十二

虞萬里先生校點的《馬一浮集》第一冊，已由浙江古籍出版社和浙江教育出版社於一九九六年出版，因研究需要，成爲我的案頭書。虞先生讀書之細、功力之厚，令人贊佩，謹在此深致謝忱。

一九九六年年底，恰好李澤厚從海外回來，他看了文章之後，說不妨開個小會，找幾位友人一起議一議這篇文章，他覺得我提出了許多關乎思想史和學術史的大問題。我接受了他的建議，於是就在一九九七年二月十六日，在我家中舉行了一次特別的學術懇談會。戴逸、李慎之、龐朴、湯一介、李澤厚、余敦康、王俊義、雷頤諸位先生，一一應邀而至。我們中國文化研究所的梁治平、何懷宏（後調北大）、任大援也參加了座談。可惜王元化先生不在北京，否則我也會煩勞他的大駕。都是有備而來，談的異常熱烈，甚至有爭論爭吵。下午三點開始，至六點半意猶未盡，晚餐時繼續談。這些人物聚在一起，儘管有茶有飯，招待不謂不周，可一定不要指望他們都講好話。好話自然也

有，我作爲文章作者和懇談會召集人，更願意聽他們的攻錯，看他們的機鋒，當然無須隱瞞，也很願意看他們吵架。做學問的人擡學問槓，特別有趣。大約一九九四年或者一九九五年，在杭州開會。我當時因寫《學術獨立與中國現代學術傳統》一文，正對學術獨立著迷，發言時便強調各司其業，學者不一定耗時費力去管學術以外的事情，不妨「天下興亡，匹夫無責」。王元化聽後大驚，不待我講完就插話說：「夢溪呵！你怎麼可以這樣講？如果『匹夫無責』，你還辦《中國文化》幹嘛？」朱維錚說：「知識分子講的話，當政者不聽，與制訂政策無關，在這個意義上，我同意劉夢溪的意見，『天下興亡』，我們『無責』。」

我以爲這次談我的一篇文章，而且是家庭的小環境，朱維錚也不在場，不至於吵架。不料談著談著語調不對了。龐樸說：「你寫大師，有一個基本的問題，你是仰著看的。馬一浮，是神仙了，這不行。不光馬一浮，所有人，你都是仰著看。要站在前人的肩膀上看，要有這個魄力，這是個大毛病。」余敦康表示反對，說：「過了半個世紀，重新接受民國時期的經典，大有好處。魯迅說，一個蒼蠅，拍了一下，繞了一個圈兒，又回來了。二十世紀，從一八九七年算起到一九九七，這一百年我們耽誤了太多的時間。說仰視，沒有俯視——我們受到的教育，最糟的就是只有俯視，沒有仰視。你湯一介，龐樸，都是俯視。你有什麼資格來俯視？」儘管都熟知敦康先生的學術脾氣，還是沒有想到出口會如此嚴厲。氣氛不免緊張了一下。幸虧李慎之先生及時插話，說他既不「仰視」，也不「俯視」，而是「窺視」，大家都忍俊不禁地笑了。

戴逸先生給我的信裏，只「報喜」，不「報憂」，這是從前一般信函的「規矩」。開會討論就不同了，「憂」、「喜」都報，主要是「憂」，這也是學者不願逾越的「規矩」。他手裏拿著準備好的提綱，鄭重地講了四個問題。「喜」我不重複，摘幾段「憂」給大家看。戴先生說：「對於學術，我認爲既有獨立性，又有功利性，但學術的功利性，應該如何表現？應該通過求真來達到服務現實。求真是第一位的，通過追求『真』就能夠對現實起作用。還有致用，這是老祖宗的傳統。《資治通鑒》，不是直接致用，是通過歷史的真實，司馬光講的真實。」他說：「看起來，學術與現實結合太緊，是中國學術的一個弱點。申請一個科研專案，首先看你有沒有用。」對於唯物史觀對中國現代學術的影響，戴先生尤其看重，他說：「唯物史觀『五四』傳入，影響中國八十年之久，在座的沒有人沒受過影響。『唯物論』起了什麼作用？有多大成績？我覺得不能避開。」他說：「沒寫入這個問題，是一個缺陷。避開不行，不管是什麼原因。」戴先生是研究清史及近代史的學者，一向待人和氣，即之也溫，但講起學術問題，他不含糊。戴逸先生發言的時候，李慎之、湯一介、李澤厚都有插話，我隨時也有所說明。

不難看出，這是一次貨真價實的高水準的學術研討和學術對話，充滿了理趣和智辯。其他幾位的精彩之見，不能逐一臚列，有座談會的詳細記要附錄於書後，大家可自行參看。只是這次修訂成書，有關唯物論的內容我仍然沒有寫入，倒不是有意避開，而是那樣寫起來，要講許許多多另外的問題。戴先生的教誨也許要等到我將來寫更大的書的時候再有所補充了。沒法形容我對與會師友們的感謝與感激，我說我已經很富有了。而且我知道，今後再不可能有這些人聚集在一起的學術懇談了。因爲李慎之先生已不在人世，沒有他在場，大家會感到寂寞。

我與李慎之先生相識於上世紀九十年代初，一次紀念馮友蘭的研討會上，大事件剛剛過去，人們欲談無話。李先生不同，依舊放言高論。我喜歡聽他講經過文化過濾的政壇掌故。一九九三年三月，我們一起出席香港中文大學召開的「文化中國：理念與實際」國際學術研討會，回來時搭乘同一架飛機，候機室裏論學論治更容易增加彼此的瞭解。從此就經常見到李先生了。我們中國文化研究所以及《中國文化》雜誌舉辦的學術活動，有的也請他參加。雖然他在文化問題上所持的「全球化」主張，許多致力於傳統研究的學者不一定認同，但我個人頗偏愛他觀察問題的宏闊眼光和無所顧及以及「目無餘子」的直言讜論。一九九七年二月十六日的懇談會請他光臨，他愉快的答應。怕不好找，約好先到兆龍飯店。我準時去接，他已經在等了。我家離兆龍只五分鐘的路，我們一起走的時侯，他說最近腿有些不便，但還在談近來他特別關注的問題。我的《要略》他顯然看得不夠仔細，所以發言時不能完全對上口徑，例如以爲我使用的「現代」一詞是從明代開始等等。但學術敏感告訴他，他不能同意我的許多觀點。會後通電話，他說他要寫文章與我商討。他認爲我對什麼是現代學術沒有加以分梳。我同樣敏感地發現，他的觀點其實相當混亂，如果寫文章，我不回答不好，回答則容易停留在澄清和說明的慣常的所謂論爭的地平線上。距今二十多年前，我有過同時與好幾位了得的人物作車輪論爭的失敗經驗，深知真理不是愈辯愈明，恰恰相反，如果承認愈辯愈糊塗庶幾接近世情物相。

李先生是我素所喜歡的人（喜歡他明言快論的君子之風），以此我雅不情願與他發生所謂學術論爭。何況本人當時天命之年已過，要做的事情正多，哪裡有時間、興趣、意氣，與人爭論自己已經發表過的一篇文章的是非對錯。對固然好；錯如果是經過潛心研究而未到未明之錯，於學理人心也不無裨益。李先生與我商榷的文章出來的時候，已是一九九八年的秋天，初步印象他是下功夫寫出來的，提出了可以討論的問題。大問題是怎樣看待我們自己的文化傳統，這是晚清以來的百年中國一直存在、一直有爭論的問題。我的《中國現代學術要略》，不妨也可以看作是從學術史的角度，對這個問題所作的一個方面的探討。所以重點講的雖是現代學術，傳統學術部分，所占比重也相當不小，第一章至第三章都是關於傳統學術的內容。對此一大問題有不同的看法不同的解讀，再正常不過。例如李先生引用台灣前中研院院長吳大猷先生的觀點，主張科學和技術是兩個不同的概念，以「科技」一詞概而括之，不利於科學的發展；以及認爲「中國引進西學百年，迄今在技術上有相當的成就，在科學上卻還沒有太大的獨創」等等，我完全能夠認同。

但他說作爲科學基石的「爲求知而求知」的精神，除了「十年前《讀書》雜誌倡導的一次討論」，「這十年，再也聽不見同樣的聲音了」。這不符合事實。別人姑且不論，謹在下對此一問題，就曾多次著文申之論之。一九九一年我寫的《「學術獨立」與中國現代學術傳統》一文（刊載於《中國文化》一九九二年秋季號，應該在李先生設定的「這十年」之內），可以說是專門探討此一問題的文章。我在該文章中寫道：「在中國傳統學術裏，學術從來是一種手段，沒有人把學術當作目的看待。所以中國古代沒有學術獨立的傳統。其實對研究學術的學者來說，學術本身就是目的，就是爲了學術研究學術，爲研究而研究。」這就是我的主張：「爲研究而研究」，難道和「作爲科學基石的『爲求知而求知』」，不是同一個意思嗎？而《中國現代學術要略》的寫作，核心理念也是關乎「學術獨立」四個字。開篇引嚴復的話：「蓋學之事萬途，而大異存乎術鵠。」什麼意思？嚴復是說，「學」須是以學爲目的，而「術」不過是「弋聲稱，網利祿」的手段，如果只要手段，不要目的，學就不存在了。「翻新不如述舊」，引前人的言論，表達的不是我的意思嗎？《要略》第十一章「中國現代學術的學術傳統」，更明白曉示：「中國現代學術發展的大關鍵處，還在於對學術獨立這個問題採取何種立場。」又說：「學術是否獨立，首要的是能否把學問本身作爲目的。」接著便引錄梁（啓超）、王（國維）、陳（寅恪）、蕭（公權）、朱（光潛）、馮（友蘭）諸大家的論說，以爲參證。我的這些觀點都明白無誤地寫在李先生爲之商榷的文章裏，我只能相信，是由於報紙的字體太小，可能李先生沒有看得清楚。

有一個問題我覺得李先生質疑的是有意趣的，就是我說「元朝的時候羅馬教皇曾以七大術介紹給元世祖，包括文法、修辭、名學、音樂、算術、幾何、天文。然而此七項大都關乎技藝，也就是器，屬於形下的範疇，與學術思想迥然有別」。李先生說：「這裏的名學就是邏輯，嚴復稱之爲『一切法之法，一切學之學』。連邏輯都要歸於『形而下者謂之器』的範圍，說實在的，天下就再沒有什麼學問可以稱爲『純粹的學術』了。」我在《要略》中論述現代學術有重視科學方法的傳統時，特別提到嚴復的貢獻，說名學是「一切法之法，一切學之學」的嚴氏名言，就是我文中所引錄。但「七術」之說，是王國維所講，由於是「意引」，我沒有注明話語的來源，今次修訂方予補注。王國維的話見於他的《論近年之學術界》，原文爲：「元時羅馬教皇以希臘以來所謂七術遺世祖，然其書不傳，至明末而數學與曆學與基督教俱入中國，遂爲國家所採用。然此等學術皆形下之學，與我國思想上無絲毫之關係也。」王國維在「七術」句下加了一個注：「文法、修辭、名學、音樂、算術、幾何學、天文學。」則王國維認爲包括「名學」在內的「七術」都是「形下之學」，應無疑義矣。這裏其實涉及靜安先生對形上之學和形下之學的看法。

蓋靜安先生當一九〇一至一九〇五年期間，正在不遺餘力地與西方哲學和美學打交道，尤其沈迷康得和叔本華學說，故此一時間撰寫的論文，大都倡言「偉大之形而上學」和「純粹之美學」。《靜安文集》所收之《論性》、《釋理》、《叔本華與尼采》、《論近年之學術界》、《論新學語之輸入》、《論哲學家及美術家之天職》等，均關涉到這方面的內容。即如《論性》之一篇，遍舉堯舜、《尚書》的「仲虺之誥」和「湯誥」、孔子、孟子、荀子、老子、莊子、淮南子等關於「性」的諸種論說，王國維都不認爲已達形上學之境，而漢之董仲舒的「陰陽二元論」，與形而上學庶幾近之。他如唐之韓愈、李翺，宋之王安石、蘇軾等亦復如是。只有周敦頤、邵康節、張橫渠、程明道、程伊川、朱熹諸大儒，他們創立的新儒學，王國維才認可是形上學的學說。他說：

> 縱觀以上之人性論，除董仲舒外，皆就性論性，而不涉於形而上學之問題。至宋代哲學興，而各由其形而上學以建設人性論。㉔⑨

王國維對周敦頤的《太極圖說》尤爲稱賞，用「廣漠」二字概括其哲學論說的形上特點。而對張橫渠《太和篇》提出的「太虛無形，氣之本體」，以及「氣本之虛，則湛本無形。感而生，則聚而有象。有象斯有對，對必反其爲，有反斯有仇，仇必和而解」，王國維認爲也是「由其形而上學而演繹人性論」。特別「有象斯有對」四句，王國維說：「此即海額爾（黑格爾）之辯證法」。至於朱子，主張理氣二元論，形上形下區分得甚爲清晰，王國維當然不能不肯定「其形而上學之見解」。

而《釋理》一篇，將「理」分解爲「理由」和「理性」二義，稱「理由」爲廣義的解釋，「理性」爲狹義的解釋。由於人的運用概念進行推理判斷的能力緣於理性，所以王國維認爲「理性的作用」是人的「知力作用」的最高形式，同時也是一種普遍形式，因此可以建構形而上學的系統。宋儒便有此條件與可能。朱子答黃道夫云：「天地之間，有理有氣。理也者，形而上之道也，生物之本也；氣也者，形而下之器也，生物之具也。是以人物之生，必稟此理，然後有性，必稟此氣，然後有形。其性其形，雖不外乎一身，然其道器之間，分際甚明，不可亂也。」㉕⓪王國維引錄朱熹的這段話之後寫道：「朱子之所謂理，與希臘斯多噶派之所謂理，皆預想一客觀的理存於生天生地生人之前，而吾心之理，不過其一部分而已。於是理之概念自物理學上之意義出，至宋以後而遂得形而上學之意義。」㉕①此可見王國維是以西哲之論述作爲參照系，以嚴格的論理標準來使用形而上學一詞。

「易言以明之」（王國維習慣用語），靜安先生所謂形上形下之分別，應該是：「所謂形而上者，超時空而潛存（Subsist）者也；所謂形而下者，在時空而存在（Esist）者也。」㉕②因此他以此標準來衡量宋學，一方面承認宋之理學有形而上學的特點，另一方面又指出，宋儒的目的是想鞏固道德哲學的根基，而不是對形而上學有多少特殊的興趣[253]。同樣的理由，王國維對晚清西方學術思想的輸入，嚴譯出現之前，也就是他所說的：「十年以前，西洋學術之輸入，限於形而下學之方面。」[254]那麼歷史上所傳之羅馬教皇介紹給元世祖的文法、修辭、名學、音樂、算術、幾何、天文等「七術」，王國維認爲「皆形下之學」，就沒有什麼好奇怪的了。問題是以我們今天的觀點，是不是仍可以認爲名學不是形上之學？茲事體大，我爲此請教了兩位當今研究西哲的大家，一位是何兆武教授，一位是葉秀山先生。他們不約而同地回答：可以認爲。葉先生說，名學也就是邏輯學，它是形式科學，帶有工具性，不是形而上學。何先生說，邏輯學是推理的過程，不是推理的對象，因此不是形上之學。後來他又作一補充：「形上學譬如哲學是我們的知識，邏輯是認識知識的能力。」這讓我想到金岳霖先生早年講的一段極富思辨意味的話：

> 邏輯並不發明思想，它不會從水中救出我們喜歡的小姐，也不會向我們說明我們關於世界應該形成什麼樣的思想。如果邏輯對我們所在的世界做出某種反應，那麼它僅僅表明那種能夠使我們關於世界的思想聯繫起來形成一個可理解的整體的方式。[255]

不過我在《要略》中對此一問題所作的行文表述並非不存在可議之處。我認爲包括名學在內的「七術」不屬於形上之學，確沒有理會錯靜安先生的意思，但我說「此七項大都關乎技藝，也就是器，屬於形下的範疇，與學術思想迥然有別」，其中「也就是器」四字則容易引起誤解。說他們「關乎技藝」、「屬於形下的範疇」、「與學術思想迥然有別」，都無不可。但說它們是「器」，就不準確了。因爲「關乎技藝」、「屬於形下的範疇」的也可以是「學」，不一定都是「器」。所以李慎之先生提出此點進行商榷，理由是充足的。只不過他由於不知道「七術」都是「形下之學」是王國維的說法，而使自己也出了紕漏。這也由於我未注明出處使然，因此特借此撰寫後記之機緣，略述後果前因，並向李先生和讀者致歉云爾。不過以李先生的性格，即使知道是王國維的觀點，他也許照樣置疑。你看他文章中對同樣並非形上學的幾何學的讚美，他說他至今還「感到一種不可抗拒的理性的力量」。

李先生文章中透露出來的宏闊視野和「目無餘子」的氣魄一如其平素爲人。如果不是關乎己身，我會繼續毫無障礙地欣賞他的風格。然既成爲當事人的角色，欣賞之餘，難免要檢討比較反思彼此立論的是非曲直正誤。例如他說爲了研究馬一浮，「整整花了一個星期的時間」，結果「最後的印象卻是：他全然是一個冬烘」。認爲二十世紀的最具通儒氣象的大學者馬一浮不過是個「冬烘」，我還能說什麼呢。又比如李先生責怪學術經典的《魯迅卷》竟然沒有選小說《阿Q正傳》或《狂人日記》，卻選了專門史著作《中國小說史略》，這樣的商榷，我該怎麼回答呢？至於把魯迅、陳師曾、吳宓、吳梅編入一卷，李先生認爲不符合書前《編例》所說的「合卷並考慮到了入選者的學科性質和師承關係」。魯迅我們選的是兩種文學史研究著作，吳宓選的是比較文學之作，吳梅是詞曲學，陳衡恪是美術史論，大類項上都屬於文學與藝術研究一科，也可以統稱爲藝術學。因此他們的學科性質當然是相同的，和《編例》並無矛盾。還有，我在文章的標題之下，摘引了一句阮元的話：「學術盛衰，當於百年前後論升降焉。」李先生說他參不透我引用這句話的奧妙。其實，這不過是寫文章的一種「常式」，引前賢之語，以作起興。完全不必如李先生那樣引申爲說：「阮元難道預見到了這方面的升降嗎？他難道能要求中國的現代學術升而傳統學術降嗎？」或者進而設問：「百年而後興起的中學，阮元還能認識而認同嗎？」這說得很讓我有些不明白了。

阮文達所說的「百年」，和劉夢溪所說的「百年」，當然不是指的同一個時間段。我在《中國現代學術要略》一開頭便提出：「站在學術史的角度回觀二十世紀的中國，簡錯紛繁的百年世事也許更容易獲致理性的通明。」可見我所說的「百年」，是指剛剛過去的二十世紀這一百年。李先生說他不知道阮元「在何時、何地、何文中說這句話的」，倒不妨說明係見於文達公爲錢大昕《十駕齋養新錄》所寫的序，時間在嘉慶九年即西曆一八〇四年之小雪日。茲將有關原文抄錄如下：

> 學術盛衰，當於百年前後論升降焉。元初學者，不能學唐宋儒者之難，惟以空言高論、易立名者為事。其流至於明初《五經大全》易極矣。中葉以後，學者漸務於難，然能者尚少。我朝開國，鴻儒碩學，接踵而出，乃遠過乎千百年以前。乾隆中，學者更習而精之，可謂難矣，可謂盛矣。國初以來，諸儒或言道德，或言經術，或言歷史，或言天學，或言地理，或言文字音韻，或言金石詩文，專精者固多，兼擅者尚少。惟嘉定錢辛楣先生，能兼其成。[256]

我們從上述這段話裏，可以看出阮元的「百年前後」的涵義。元初到明初，一百年左右的時間，學術流變由不能學唐宋儒者之難，到《五經大全》易而至極，空言高論至於極點；明初到明中葉以後，也是一百多年的時間，學術風氣「漸務於難」，是又一變；明中葉以後至明末清初，又是「百年前後」，顧、黃、王等大儒出，學術之盛，超過前代；而國初至乾隆時期，又經過了百餘年，各專門學科之專精務難，前所未見，已進入學術史的專門漢學時期。質言之，阮元的意思是說，學術風氣的演變更替是一個長過程，短時間內不足以窺其盛衰升降。我認爲這是一代通儒的老到卓識之言，因而特於題目之下標出，作爲筆者梳理清末民初以降二十世紀百年學術的引題起興之語。這樣做於原典於學理於文例，均沒有不恰當之處。極通常不過的一種文章寫法，實無任何奧妙可言。

我初意原不欲和李先生在學術問題上發生爭論，但看了他的商榷文章之後，有一種不期而然要作出回應的潛意識。而且動筆寫下了四、五千字，涉及四個方面的問題：一、學術的中西問題；二、傳統學術與現代學術的界分問題；三、所謂思想與學術的關係問題；四、人文與社會科學學科的本土化與全球化問題。李先生並沒有就這些問題正面立論，而是在與我討論的過程中帶出了他對這些問題的看法。由於我當時就要赴加拿大、美國訪學，沒有來得及全部竣稿。而當第二年也就是一九九九年我回國以後，李先生的處境已經讓我無論如何不應該再寫回答他的文章了。我對他的尊敬早已遮蓋住了我們之間曾經有過的學術歧見。他是我們難得見到的身處漩渦不染塵的知識分子官員。他的資質讓人有水清魚樂之感。很多人其實並不知曉知識分子這一概念的真正義諦。如果不準備就這一問題作形而上的學理探討，我不妨說，大家只要看看李先生就思過半了。

我爲自己終於有機會對《中國現代學術要略》作這樣一次較爲系統的梳理修訂而感到些許安慰。糾正了包括上面提到的幾處舛誤，內容作了一些增補，加了幾個長注。朱熹的學術思想、晚清新學的衍變、甲骨文字的發現經過和胡適與科學方法的提倡等章節，增加了較多的內容。原來全稿分十二個部分，每一部分都以提要式的文字作爲標題。現在提要式文字仍保留，但考慮到學術專著的慣常體例，正式立名爲十二章，每章均加了新的章題。附錄之文字可以見證歷史，想必也都是本書讀者所樂於看到者。

「文章千古事，得失寸心知。」長久到「千古」云云，沒有想過，且不知也。但其中之得失苦甘，我這「寸心」未嘗不微有所「知」。十五年前《中國現代學術經典》叢書的編纂，在我無疑是一次學術歷險，至今仍有淡淡的「人生過後唯存悔」的意緒心情。有人說單是叢書的編纂過程就可以寫一本書，誠哉斯言。我至今感念當年與我共襄斯役的諸學術同道，並深佩王亞民兄的膽識和魄力。我這裏特別想提到兩位業已作古的前輩師儒，一位是張舜徽先生，一位是程千帆先生。因創辦《中國文化》雜誌，自一九八八年開始，我就與兩位先生有書信往還，程先生我前去拜望過，張先生則始終未能一面。一九九一年擬議編纂《中國現代學術經典叢書》之時，我曾函詢兩位先生的意見，他們都寫來了信函，言之諄諄，使我深受教益。程千帆先生是黃侃的弟子，所以我請益於程先生的，是關於黃卷的編選問題。茲錄程先生回示全文如下：

夢溪先生史席：

昨奉大函，又惠賜《中國文化》三期一冊，感謝之至。義甯陳君之學術，博大淵深，其所著眼，皆在歷史、社會、政治、文化之「節骨眼」問題上，乃又往往以考辨之面貌出之，故其由具體事實所抽象出來之大問題大道理反為世人所忽略，此乃學術界之所當發揮者也。尊文於此，實能踐履，故所及雖僅柳氏《別傳》，而於寅老用意及創體皆多有人之所不能言，三復之餘，曷勝欽服。

承示受託編輯近現代學人著作，發潛德之幽光，啟來哲之通道，實為盛事。惟先師黃君五十即返道山，其書多在草創或積累之中，皆無成稿。潘石禪兄在台為影印十四大冊，多係原書批語，先生諒已見之。大陸所出，則多經其侄耀先之手，除文心札記、文選評點單行外，多已歸之《論學雜著》及《群書箋識》二書中，然論文亦不多，較之他家，較難選擇。然若《音略》、《與友人論治小學書》、《補文心隱秀篇》、《漢唐玄學論》亦可示範來茲矣。弟入師門甚遲，未能窺見黃君學術之堂奧，此事似可更與石禪商之。潘君為貴刊顧問，義不容辭也（台北市敦化南路三六九巷六三號）。《文化》二期，不知有無存書，四期已否出刊，均盼見惠。非敢作得隴望蜀之妄想，實以在寧無購處，托之在京友人，又多所滋擾也。近刊《宋文學史》一冊，講課之作，不足以言創獲，敬呈以博一笑，大雅如先生必憐其老而失學矣。

專復，即頌

著安

弟程千帆

九月二十五日

程先生信中對有關黃侃著作的諸種情形悉皆告知，惟恐有遺，並建議我與台灣的潘石禪先生聯繫。「石禪」即研究敦煌學及紅學的大家潘重規先生，黃侃的東君，當時任教於台灣文化大學。我與潘先生通過音訊，他來北京曾約我晤面，我去台北也曾隨皮述民教授往敦化南路拜望。如今程、潘兩先生都已仙逝，潘在二〇〇三年四月二十四日，享年九十七歲，程在二〇〇〇年六月三日，享年八十八歲。程先生去世時，我亦在病中，我對他充滿感念與懷念。他信裏表示願意看到《中國文化》第二期和第四期，而說「非敢作得隴望蜀之妄想」，惠贈《宋文學史》給我，卻自謙爲「講課之作，不足以言創獲」，且說「必憐其老而失學矣」。這些學人書簡的語言之雅趣，已不多見矣。至於對拙稿《「借傳修史」——陳寅恪與〈柳如是別傳〉的撰述旨趣》一文的獎掖，自然銘感，可無論也。

張舜徽先生的信是另外一番風景，我們先看原文：

夢溪先生大鑒：

得五月十五日長函，備蒙　獎飾，愧勿敢當。拙著隨筆，特閑暇偶爾所錄，零散已甚，未足以副博雅之目也。承示近來有意選刊百年內著名學者之代表作，彙為一大叢書，規模宏大，聞之氣壯。竊思當今之世，非　賢者登高一呼，成此盛舉，實亦無第二人敢作此想。一則限於識見；二則困於財力；三則乏交遊以資共濟。伏思　先生識見既高，交遊又廣，助之者眾，為之則易。無論籌資、設計，在在皆爲他人所不逮。是以私計此舉惟執事優為之。如能有成，實不朽之盛業，所謂弘揚中華文化者，於是乎在矣。

尊意在百年內「選擇具有開闢意義、典範意義之學者」，此點最關重要。如欲權衡人才之輕重，蓋有專家與通人之別。專家路窄，通人路寬；專家但精一藝，通人則能開廓風氣。影響於當時及後世者，自以通人爲大。有此尺寸，則每人之代表作如何去取，則自有標準矣。以漢事爲例，其列之《儒林傳》中者，皆博士之學也，亦即當日之專家也。至於學問廣博如太史公、劉向、楊雄之流，非儒林傳所能範圍，皆各自有專傳。後漢許慎、鄭玄治經，不主一家，彙爲通學。其後許鄭之學行，而昔日立於學官之今文經說全廢，則專家與通人之短長區以別矣。持古量今，理無二致，先生必能獨照其得失而有以別擇去取於其間也。

細覽　來示所擬六十餘人名單，搜羅已廣，極見　精思。鄙意近世對中國文化貢獻較大者，尚有二人不可遺。一爲張元濟，一爲羅振玉。張之學行俱高，早爲儒林所推重，實清末民初，大開風氣之重要人物，解放前一直爲中央研究院院士。其著述多種，商務印書館陸續整理出版。羅於古文字、古器物之學，探究廣博，其傳佈、搜集、刊印文獻資料之功特偉，而著述亦偉博精深，爲王國維所欽服。王之成就，實賴羅之啟迪、資助以玉成之，故名單中有王則必有羅，名次宜在王前。羅雖晚節爲人所嗤，要不可以人廢言也（六十餘人中，節行可議者尚多）。聊貢愚忱，以供參考。聞月底即可與出版社簽下合同，則選目必須早定。此時合同未立，暫不向外宣揚。如已訂好合同，則望以細則見示。愚夫千慮，或可效一得之微也。京中多士如雲，不無高識卓見之學者，先生就近咨訪，收穫必豐，亦有異聞益我乎？盼詳以見告爲禱。

承示《中國文化》第五期正在集稿，茲錄舊作二篇，聊以補白，乞即以此付之。專以布複，即請

大安

舜徽再拜

五月二十三日

張舜徽先生在當代，是成就最爲顯赫的師儒。我在《要略》論錢賓四一節曾說：「國學大師之名，章太炎之後，唯錢穆當之無愧。」現在應該補充說：「國學大師之名，章太炎之後，除了錢穆，唯張舜徽當之無愧。」張學之大之專精，通四部而尤擅清代學術，我是瞭解的，故創辦《中國文化》之初，便與張先生取得聯繫，得以在第一期即刊出他的文字並允任刊物之學術顧問。我們有多封通信，此處所引僅是其中之一，從信中可以看出，張先生是何等細密之人。

《經典叢書》初選擬目沒有羅振玉，接受張先生意見後來列入了。張先生信中對羅持論甚堅：「羅於古文字、古器物之學，探究廣博，其傳佈、搜集、刊印文獻資料之功特偉，而著述亦偉博精深，爲王國維所欽服。王之成就，實賴羅之啓迪、資助以玉成之，故名單中有王則必有羅，名次宜在王前。」一定是揣想到我可能對羅的晚節不以爲然，所以張先生特予點明：「羅雖晚節爲人所嗤，要不可以人廢言也（六十餘人中，節行可議者尚多）。」王、羅關係自有其複雜的一面，學界向來異說異是，張舜徽先生所論應比較客觀。再就是信中對專家與通人之分別，不愧爲大家言說，啓予者良多。「專家路窄，通人路寬；專家但精一藝，通人則能開廓風氣。影響於當時及後世者，自以通人爲大。有此尺寸，則每人之代表作如何去取，則自有標準矣。」這講的何等明通。怕我不能領會，又舉漢事爲例，說當日的博士之學亦即專家，都列在《儒林傳》裏，而司馬遷、劉向、楊雄等大學問家，則各有專傳。蓋《要略》第九章專論「通人之學和專家之學」，實亦不無張舜徽先生教示之影響也。張先生此信寫於一九九一年五月二十三日，至次年一月十六日，仍有手教詢問《叢書》之進展情形。而當我告知近況之後，張先生喜慰非常，並重申宜包括張元濟的理據，他在一九九二年四月十三日的信中寫道：

夢溪先生大鑒：

得三月二十五日　惠書，藉悉《中國現代學術經典叢書》之編纂，佈置就緒，安排得體，以　賢者雄心毅力爲之，必可早望出書，甚幸事也！承　囑補苴遺漏，經熟思之後，則張菊生先生（元濟）爲百年內中國文化界之重要人物，而其一生學問博大，識見通達，貢獻於文化事業之功績，尤爲中外所推崇。其遺書近由商務整理出版甚多，可否收入，請加斟酌，往年胡適亟尊重之，故中央研究院開會，必特請其蒞臨也。承　示《中國文化》第五期即可出書，此刊得賢者主持，爲中外所矚目，影響於學術界者至深且遠，我雖年邁，猶願竭綿薄以貢餘熱也。茲錄呈近作二篇，請收入第六期，同時發表。好在文字不多，占篇幅不多，並請　指正！專複，即叩

近安

張舜徽上

四月十三日

此可見張舜徽先生對《經典叢書》投入怎樣的關切。可惜他未來得及看到叢書的出版，就於一九九二年十一月二十七日逝世了，終年八十一歲。他其實還在學術的盛期。

他走得太早了。張先生寫給我的最後一封信，落款的時間爲一九九二年十一月九日，距離他逝世僅十八天。我不知道這是不是他生前寫的最後一封信。不久就是他雙七周年的忌日，謹在此表示我深深的悼念與追思之敬意。

張先生並關切京城之「多士」對《經典叢書》有何「異聞」，其實我還請教過周一良先生，周先生力主康有爲不可少。一九九二年九月，我赴哈佛大學出席一國際學術會議，並應余英時先生的邀請訪問普林斯頓大學，使我有機會與英時先生暢談學術，「憶往事，思來者」，同時也聽取了他對《經典叢書》的意見。英時先生對章太炎、梁啓超、羅振玉、王國維、陳寅恪、胡適的擬選篇目，提出了中肯的增補建議。還有湯一介先生、朱維錚先生、汪榮祖先生，也都有以教我。朱維錚先生的回示有三頁紙之多，同意叢書的大體設計，只是提醒我對擬選的五十家尚需再酌。他說：「麻煩主要不在哪些人已經入選，而在於哪些人沒有入選。」並具列宋恕、張謇、湯壽潛、孫詒讓、杜亞泉、辜鴻銘、黃遠庸、易白沙、陳獨秀、吳虞、李大釗、丁文江、孟森、梅光迪、柳一徵、陳序經、吳稚暉、陶希聖等人的名字，認爲楊文會、顧頡剛既可選，則這些人也似可以考慮。他是啓發我選政之難，非欲強加也。《康有爲卷》的編校之責他答允，但編委一席後來才予應承。維錚事繁，一次因催稿彼此寡歡，三天之後得大函，云「前夜得尊電，由康有爲小傳事，蒙申斥」，語詞措意，令我忍俊不禁。然後說編委他不當了。然後說康傳最好由我來作，以「垂範後世」。但隨後卻寄來了他的康傳的改稿，並說：「雖又貽遲誤之罪，然終屬亡羊補牢，略勝有勞先生擲還再議之煩擾也。」待叢書出來，他收到三十卷樣書，於一九九八年二月十二日寫信給我，說：

已得三十卷，即用半夜逐冊翻閱目錄和年表、要目，粗得印象，以為總體符合學術性要求，選編也各有特色，雖說見仁見智，所收未必合乎尊序所示經典品格的要求，而均有參考價值，則可斷言。此乃主編之成功，當賀。

晚清人物及近代學術思想是維錚先生的學術強項，能得到他的認可，殊非易易。他還對叢書的銷售方法提出意見：「據有的學生說，已見全書在幾家書店上架，但不拆零出售，只能望書興歎。我不知是出版社批發規定，還是書店自作主張？但這類書的主要讀者群，在文科的研究生和大學生。倘可零購，則各卷都有忍痛掏錢者。倘只能選擇『全或無』，則絕大多數必選『無』也。即如拙編一卷，定價五十五元，要我自行購置，也需一思。況且諸卷所收，多半都有單行本，讀者單爲補己藏所缺的幾種或數文，而要購置全卷，必多躊躇，而不拆零，更無疑拒絕主要讀者。如此『生意經』，當爲出版者所知。」我即刻將此意轉告王亞民兄，後改爲拆零銷售蓋出於維錚先生的「生意經」也。這就是叢書編纂過程我與之交往的朱維錚先生，不愧爲學之諍友而士之君子。

《經典叢書》對我個人而言有存於成敗得失之外者。同道切磋之誼，名師教誨之樂，即是其中之犖犖大端。文物書畫鑒賞家最看重原物真跡，「過眼」一詞是他們的業內行話。我敢說中國現代學者的一些最具代表性的著述，我大體都一一「過眼」了。沒有《中國現代學術經典》叢書，便沒有書前的總序，也就沒有如今呈現在讀者面前的這本《中國現代學術要略》。陳寅恪先生豈不云乎：「吾儕所學關天意。」學術一如人生，無非因緣湊泊而已，預設不一定就是結果，過程比結果更爲絢爛生動。

因此當我的總序成書即將付梓之際，特別要感謝一向關心護持《要略》的師友和讀者，感謝最初刊發此裏腳長文的《中華讀書報》，感謝對此文存乎真賞的摯友鄧小軍教授。另外，由於戴逸先生和李學勤先生的熱誠推薦，《中國現代學術要略》曾獲得我所在系統之優秀學術成果獎，因此特向戴、李兩先生致以謝意。還有很久以後的後來我才得知，季羡林先生曾請他的助理李玉潔先生爲之誦讀《要略》，這讓我事後猶感惶愧不安。兩周前攜內子去醫院看望季先生，九十五歲的老人，精神依然矍鑠，且思維敏捷，語帶幽默。談起佛學，他說佛陀當時是代表新興勢力的。不久前范曾先生調入我們中國文化研究所，季老嘗手書「善來」二字爲賀。語及此並范公苦嗜八大事，他脫口誦曰：「石濤雪箇非凡胎，老缶晚年別有才。九泉我欲爲走狗，三家門前轉輪來。」齊白石老人的詩，老缶是吳昌碩，雪箇即大大山人朱耷之號也。

二〇〇六年六月二十二日（農曆丙戌年五月廿七）於京東寓所

【附錄一】

# 《中國現代學術要略》座談紀要

**時間** 一九九七年二月十六日

**地點** 劉夢溪先生寓所

**出席人**

戴　逸　中國人民大學教授、清史研究所名譽所長、中國史學會會長

湯一介　北京大學哲學系教授、中國文化書院院長

李慎之　中國社會科學院研究員、原副院長

李澤厚　中國社會科學院哲學研究所研究員

龐　朴　中國社會科學院研究員

王俊義　中國社會科學出版社總編輯

余敦康　中國社會科學院世界宗教研究所研究員

雷　頤　中國社會科學院近代史所副研究員
梁治平　中國藝術研究院中國文化研究所研究員
何懷宏　中國藝術研究院中國文化研究所研究員
任大援　中國藝術研究院中國文化研究所副研究員
劉夢溪　中國藝術研究院中國文化研究所研究員

**劉夢溪**：牛年春節剛過去不久，有今天這樣的機會，請各位師長光臨寒舍，就我的一篇小文（李澤厚：大文章！）作一次學術懇談（李慎之：不是小文章，我看了三遍。**李澤厚**：我看了兩遍），我感到非常榮幸。《中國現代學術經典》這套書，共三十五卷，五月份能出來大部分，年底可以全部出齊。因爲《錢穆卷》定下來比較晚，錢夫人胡美琦先生不久前才簽協定。書全部出版之後，我們準備開一次正式回顧百年學術的研討會。我們中國文化研究所與河北教育出版社聯合召開，在座的各位都會接到邀請。

晚清到今天，二十世紀這一百年，是傳統學術向現代學術轉變的一百年。特別是五四前和五四後一段時間，可以說是乾嘉以後我國學術發展的又一個高峰期。《中國現代學術經典》叢書，實際上是現代學術思想史的資料長編。《要略》是這套書的總序，本來想寫得簡單些，但寫起來收不住了。不僅講現代學術，傳統學術也多有涉及。文章中有些心得是長期的累積，是我對我國傳統學術資源的一種看法。但現代學術這個題目，以前沒有人像我這樣系統作過，因此疏漏、舛誤一定很多，恭請各位師長能給我以教益，不吝批評指正。可以把我的文章當作一個引線，不妨就中國傳統學術思想、現代學術思想的各個方面發表意見，提出批評（戴逸：還有一個一萬字的注文，希望能看到）。

我們可以毫無拘束地談。龐公正在爲他的「數成於三」尋找一個架構，非常焦慮。澤厚這次回來，有些不同，思想非常活躍，是否學術上又開始了一個新的青春期？（李慎之：返老還童了。）文章發表後，慎之同志、戴先生、澤厚先生、余敦康先生，還有其他一些朋友都和我通過電話，我接到的信也不少。前幾天，葉秀山先生還寫來一封長信，一會兒可以讀一讀。王俊義先生是研究乾嘉學術的專家，雷頤先生寫過《傅斯年傳》。還有我們中國文化研究所的幾位學人：梁治平，研究法學文化；何懷宏，研究倫理學和社會學；任大援，研究思想史。他們的著作都很多，不一一介紹了。

**李慎之**：學術，大家說慣了，我心中的概念和劉夢溪差不多。文章開始引用梁啓超的話，感到很新鮮，可是細講，講出問題來了。道、術、學分得很細，但一路講下來，我覺得有了矛盾。一是強調中國學術是最偉大的，道和學、術和用交叉敍述（**李澤厚：體用一源**）。又如爲己之學，分開講沒有問題，但連在一起，就有點懵了，應該有一個交代。

什麼是學術？一是人文，但醫學算不算學術？中國在西洋學術進來後，學出多門，學與術已分不清。這個問題可以解決，截斷中流，給一個常識性的解釋。李四光的著作是不是學術？有些小矛盾，如羅馬教皇傳授的七大術，不但是學，而且是更像學的學。西方人強調從重點講（**李澤厚：中國是從整體講**）。解決的辦法，要給一個大概的斷論。這個問題（**指什麼是學術**）梁啓超寫清代三百年學術史的時候還不尖銳。

斷代你用中國現代學術，我主張用「近代」。從「明清之際」開始，可以。「明清之際」是否是一個非常重要的關鍵？我認爲不是。下限到何時？馬克思主義在中國起什麼作用？對毛澤東思想，看法不同，但對中國人的影響之大，而且有些融化在中國人的血液裏。可以從明清之際開始，但明清之際不是重要的時期（**李澤厚：我不同意，明清之際非常重要，是「天崩地解」時期**）。我從《讀書》上看到一篇文章，把錢鍾書看做古學中的最後一個人物，照他的思想講，認爲「中國哲學可以拯救世界」。

不過要從明清之際講，三百年學術史要變成四百年（**劉夢溪：我說的現代是指清末**

民初以後的時間段）。不能把李四光排出去。還有社會科學。嚴復的思想，對西學的評價，在中國學術史上的地位，如何看？（湯一介：說四大文明古國，其中尤以中國學術最爲發達，不合適，我的意思是這句話太滿。）

**戴逸**：夢溪的文章是不可多得的精彩之作。當時沒有讀完，王俊義打電話來，很稱讚。瞿林東到我家，帶了報紙。我看了三遍，第二遍較詳細。寫的很有功力，議論風生，包含面相當廣博，提出很多重大的問題，對近百年的學術作了很好的總結，值得大家都看一看。得益非淺。一篇文章，提出很多問題，對近百年學術作了疏理，其中包括的問題非常多，可以討論、商榷的地方也非常多。有的提法準確否？是否有矛盾？是否還可以發揮？我講幾點想法。一、什麼是學術？二、學術的獨立性和功利性。三、近現學術特點是什麼？四、學術發展的環境和條件。

先講第一個問題。文中說：「學術思想是人類理性認知的系統化，是民族精神的理性之光；學術思想發達與否是一個民族文化是否發達的標誌；既順世而生又異世而立是學術思想的特點；轉移風氣、改變習俗，學者之理趣覃思與有不滅之功焉；對學術思想，不可簡單以功利計。」這段話，言簡意賅，勾玄提要。但什麼是學術，包括哪些內容？這篇文章講了人文科學，那麼社會科學、自然科學放什麼位置？人用自己的心智理性去認識世界，提到一個規律性高度，但排除信仰，要有直覺感悟性的東西，藝術欣賞的東西是否包括在學術之內？學術是求真、求是。王國維說「可信者未必可愛」，可信是真的東西，不一定最美好。我補充一句，可信的未必是可用的，特別是不能夠立竿見影。我同夢溪的看法大體一樣。（李慎之：截斷中流，自己的看法沒有明確提出來。湯一介：第一段講了，提出來了，但沒有分疏，排除自然科學，沒講爲什麼要排除。）

第二個問題，學術的功利性和獨立性。我很多問題同意夢溪的觀點，也有不同意的。「順世而生異世而立」我同意，學術同現實是有距離的，要保持距離，保持獨立性（李慎之：有兩段引文，關於學術與政治，是矛盾的）。處於二十世紀，每個人都有深切的體會，從《武訓傳》、《海瑞罷官》到文化革命，學術與政治掛勾，是慘痛的教訓。但學者追求學術的獨立性，是學者的理想，事實上學術不可能脫離現實。（李慎之：「獨立性」一詞很晚出，春秋時，爲帝王師是傳統。李澤厚：通經致用）。學是追求真理，術是運用，運用就離不開現實。我認爲學術的獨立性是相對的，要回答現實問題，回答時代提出的問題。對於學術，我認爲既有獨立性，又有功利性。但學術的功利性，應該如何表現？應該通過求真來達到服務現實，求真是第一位的，通過追求真就能夠對現實起作用。（李慎之：真理是近代的詞，還是佛教的詞？求真，不是中國學術的最終追求。湯一介：佛教中沒有「真理」一詞。李慎之：是從日本翻過來的，真理是基督教的概念，truth，求真的概念不是中國文化原有的精神。李澤厚：可以回歸古典）。求真是第一位，還有致用，這是老祖宗的傳統。《資治通鑒》，不是直接致用，是通過歷史的真實，司馬光講的真實。儒家講的四句：「爲天地立心，爲生民立命，爲往聖繼絕學，爲萬世開太平」，是致用的，是偉大的抱負，是大的致用。中國傳統學術是致用的。看起來，學術與現實結合太緊，是中國學術的一個弱點。（湯一介：是一個弱點。）申請一個科研專案，首先看你有沒有用。

第三個問題，傳統學術和現代學術的差別。這篇文章沒有完全說清楚。理性，古代人講得很少，乾嘉學派有些理性，但只是萌芽。我認爲根本的差別是觀念上，第一是社會進化觀念。古代講唐堯虞舜，嚴復《天演論》把它打破了。（李慎之：西方最新的觀點認爲是退化論。）中國近代，認爲是進化論，王國維，陳寅恪都是如此，這是觀念上的根本區別。你的文章沒講，是個缺陷。第二是唯物史觀。唯物史觀「五四」傳入，影響中國八十年之久，在座的沒有人沒受過影響。「唯物論」起了什麼作用？有多大成績？我覺得不能避開。馮友蘭《中國哲學史》你編入了，侯外廬的《中國思想通史》不編入，爲什麼？（劉夢溪：馮友蘭的《中國哲學史》沒有編入，只收錄了《貞元六書》）。六萬字的大文章，沒寫入這個問題，是一個缺陷。避開不行，不管是什麼原因。（劉夢溪：講這個問題有困難的一面，中國學術界長期受機械唯物論的影響，副面的作用不能小看。有些並不申明學術立場的學者，如余英時，也有唯物史觀。陳寅恪，注重經濟和制度。李澤厚：陳寅恪有一篇沒有發表過的文章，運用了唯物史論。劉夢溪：研究學術史和思想史，已往唯物、唯心的二分，很成問題。）

第四，講學術史多元並立、百家爭鳴，明清之際、清民之際、「三晚」是如此。學術史上獨尊儒術，特別厲害，統治地位太厲害，儒家的排它性也厲害，當然儒家比起其他宗教，可以說是寬容的，但儒家的排它性也是厲害的。孟子罵揚朱很厲害，韓愈也是，夠厲害的。封建社會，多元並存，是否存在那樣寬鬆的環境？儒家沒有宗教那樣的裁判所，但也相當厲害。一種思想在封建社會要存在下來，或者披著儒家的外衣，但這同寬容還不是一回事。近代學者對此看得十分清楚。學術的外部環境要寬容，要能夠容忍，可以辯論，但不要消滅。這一點恐怕是學術發展最重要的一個外部條件。所以我對中國歷史上是多元並存呢，還是儒家的統治，有不同的看法。（劉夢溪：我覺得中國傳統社會有兩個空間，一是儒、釋、道三家之間的張力，使中國知識分子可以在最關鍵的地方溜掉；二是中國傳統社會有一個比較完整的民間社會，民間保護了許多東西。湯一介：你的第三個大問題，講多元並立，好像是多元化使中國落後了，三個「晚」都是多元的。劉夢溪：過去有一種說法，認爲中國儒家思想保守，使得中國社會發展緩慢。我看到的是儒釋道三家的多元互動，爲不同思想的交錯留下了空間，致使中國文化背景下的人沒有絕路，社會也沒有絕路。）

**湯一介**：昨天才拜讀完，文章有很多新想法，有些問題可以討論。學術在現代和古代到底有什麼區別？季羨林先生講，古代的學術，講古今，通古今；現代的學術（清末以後），一個學術大師如果僅僅通古今，還不是現代的大師，同時還要打通中西，因爲有一個西學的衝擊問題。能否考慮用更明確的講法。季先生講了俞曲園與章太炎的區別，是古代大師和現代大師的區別。俞曲園是另外意義上的大師，沒有通中西。這個思想很有道理，看近現代學術思想的特點，不妨從這個角度考慮。

第二，學術，你排除了自然科學，社會科學也排除了；你講史學、哲學，文學你沒怎麼講，文學除創作外，還有理論，王國維有美學理論，有戲曲理論，受了西方的影響。學術，文史哲都應該包括在內。

第三，你前面講學術發展的歷史，「三個晚」，大體上忽略了漢唐的貢獻，漢唐的貢獻非常大。不要講還有魏晉玄學，特別是唐代佛教，宗派的思維水平之高，如華嚴宗、十全門的講法，對很多概念的分析非常深。《大乘起信論》開始，心性學說一直影響宋明理學（李慎之：關節點我認爲是陳寅恪講的，到宋是最高峰）。這一段道教的思想也特別豐富，我最近搞成玄英和李榮，成玄英把「道」解釋爲理，心是人的靈府，理、心、性都講，《老子注》中那麼多。朱熹同道教有非常密切的關係，陳寫了《朱熹與道教》，陳榮捷寫了《王陽明與道教》。突出晚周、晚明、晚清，那五胡亂華呢？也是變革時代。（李慎之：你是反著講，我認爲應正著講。李澤厚：我不贊成儒學三期說。）你講中國傳統學術在向現代轉變中有兩大意外契機，甲骨文和敦煌學，但考古受西學的影響，其實甲骨文、敦煌學都是受西學的影響，沒有同西學聯繫起來（李澤厚：他講了聯繫。）這方面季先生基本是對的。

張光直有個觀點，我們現代以來，史學理論根本上是用西方的理論，如果認真總結中國歷史的經驗，找出規律，可以豐富史學的理論，近百年來主要是受西方的影響，還沒有從我們自己的歷史經驗中總結出更普遍的歷史理論。這個問題你許多處點到，但沒有講清楚。總之文章中有很多很好的意見，有的需要討論。

**龐樸**：頭一個感覺是這個題目怎麼定？你實際是談二十世紀前半葉，那麼這個題目到底叫什麼？你實際上說了半個世紀。這是個非常難的事情。（戴逸：二十世紀早期，

「近代」一詞可以考慮）如果本世紀後半段不要，實際上是忽略馬克思主義的影響，要面對這個事情，不能說負面的影響不是影響。郭沫若的史學理論沒有提，《奴隸制時代》，論證五種生產方式的，除郭沫若以外還有其他人。一個簡單的方法是題目換一下，講近代學術思想。（劉夢溪：我傾向用「現代」這個概念，英文裏「近代」、「現代」是一個詞）還有一個簡單的辦法是把第一段去掉，不管怎樣不能忽視馬克思主義。（湯一介：唯物史觀不能沒有，馮友蘭都受唯物史觀的影響。戴逸：一個是進化論，一個是唯物論。）

你寫大師，有一個基本的問題，你是仰著看的。馬一浮，是神仙了，這不行（李澤厚：我在電話裏說是偏愛。李慎之：馬一浮有沒有體系，我懷疑，不是真正的大學者）。不光馬一浮，所有人，你都是仰著看。（李澤厚：蒙文通，我認爲很重要，你一筆帶過。）要站在前人的肩膀上看，要有這個魄力，這是個大毛病。

第三個問題，在現代許多人，他們的早年、中年、晚年的變化，開頭激進，後面保守乃至反動，爲什麼？不是一個人，是一個時代的問題。我說過「王元化現象」，王元化，早期，主張「新啓蒙運動」，現在成什麼了？這是個現象，這個現象背後有什麼問題？我希望有博士寫一寫，這是個歷史現象，是時代的帶有規律的東西。社會的原因？

生理的原因？要正面來攻這個問題。

**余敦康**：有些大家談得離題了。它不是一部學術史，只是一個序言而已，所以叫「要略」。許多問題用不著都解釋。我覺得能否把現代學術三十五卷，都稱之爲「經典」？（李澤厚：我認爲都稱「經典」值得懷疑。戴逸：我也認爲。）

過了半個世紀，重新接受民國時期的經典，大有好處。魯迅說，一個蒼蠅，拍了一下，繞了一個圈兒，又回來了。二十世紀，從一八九七年算起到一九九七，這一百年我們耽誤了太多的時間。說仰視，沒有俯視——我們受到的教育，最糟的就是只有俯視，沒有仰視。你湯一介，龐樸，都是俯視。你有什麼資格來俯視？（李慎之：我是窺視）這是一個問題。不必聽他們的話改來改去，管他個屁。

第二，民國經典，我覺得近百年來沒有什麼經典。什麼是近現代學術，沒有概念。學術概念怎麼定義？學，明體之學，術，達用之學。近代用中爲體。中國二十世紀沒有多少像樣的學術。當然應該有大師級人物，但梁啓超寫《清代學術概論》，是一個呼籲，呼喚大師，沒有回應。你搞《現代學術要略》，也是呼喚，這是一個非常值得悲哀的事情。

**李澤厚**：學術史，自然科學不說，文史哲，還有小學史，經學史，史學史，文學史，但什麼是學術史，概念不清楚。自然科學不包括，理由何在？社會科學也沒有包括，理由何在？學術思想，王國維，是寫《人間詞話》的王國維，還是搞西北史地的王國維？但後面的東西遠沒有《人間詞話》的影響大。包括陳寅恪，是寫隋唐史的陳寅恪，還是寫柳如是的陳寅恪？非常複雜。所以在什麼意義上寫很重要。所以我說，學術史者，是學術思想史也。思想史，如康有爲，魯迅，毛澤東，應占很大的地位。另外一種寫法，通過學術本身來表現一種帶有普遍性的學術思想。

近代的一個特點，如王國維的「二重證據法」。我不喜歡用「方法論」一詞。「四堂」，王觀堂……還有（劉夢溪：還有羅雪堂、董彥堂、郭鼎堂。）都受西學影響。馮友蘭，治中國哲學史，牟宗三，宋明理學，他們都受到西方學術的影響。中國近代的特點，就是古今中外如何融合起來。在某一方面作出成績，這個成績有什麼樣的普遍的意義，這樣就可以分出不同人的等級。都是大師，教授滿街走，標準在哪？要有一個標準貫穿文章中。（余敦康：沒有很明確的標準。）可以有不同的標準。孫詒讓，很重要，戴（震）、阮（元）、二王（王念孫、王引之），很重要。要有個標準，然後才能理出頭緒。

學習西方，有得有失。得的方面，如用西方的方法整理中國的東西，梳理哲學史。

失的方面呢？馮友蘭先生，牟宗三先生，他們有的有問題。怎麼樣看中國「失」的方面？（李慎之：陳寅恪，有人說也受到西方的影響。劉夢溪：陳的特點是受到西方的影響，著作中卻很少看到痕跡。余敦康：中西會通是決定性的條件，沒有西方人的東西作參照系，就無法分辨中國人、中國的東西怎麼寫法。）李澤厚：我覺得康有爲是西體中用，是我的老祖宗。（余敦康：二十一世紀中國學術如何走法？無路可走。）

**王俊義**：報紙上能用四個整版的篇幅發夢溪的文章，是首開先例。好像是接梁啓超的《清代學術概論》，文章涉及到的問題太多，面面俱到是不可能的。大家已經談很多了，不同的意見談一點。說乾嘉學派已萌生了現代的東西，具體表現在什麼地方，應再具體點。西方傳教士對中國文化的影響，應估計得再高一些，西方傳教士把中國學術向外介紹，也十分重要。對「二陳」，陳寅恪很多，對陳垣似不夠。

**雷頤**：這篇文章形式上是序，實際是專著的架構。所論學術內容以文史哲爲主，可以加「人文」二字。「人文學術」，社會學、人類學方面的一些人沒有包括，但是否仍可以叫人文學術？搞歷史，以同情的理解來對待過去，是一種學者的態度。希望變成一本專著。

**李慎之**：賀麟認爲孫中山、蔣介石是中國道統的繼承者。

**李澤厚**：他認爲馮友蘭是朱子，他是王陽明，他受費希特的影響。

**李慎之**：追求真理，中國人是差的，不是強的。還有儒家，是百分之百的實用主義。在古代，凡是學術思想與政治結合不好的，都沒有很大的影響。

**余敦康**：學術與政治的關係，學者不關心政治，是沒有良心。對暴君污吏不聞不問，是什麼學問？葉秀山的說法，我覺得不對。還有治統、道統，我覺得沒有合一。

**劉夢溪**：學術獨立，是二十世紀大師們的共同呼聲，他們認爲如果學術不能獨立，學術就不能發展。清學開始有「爲學術而學術」的因素，有一定的現代的萌芽，比如考據的規則包括汰去情感，這就有現代的因素了。我看現代學術和古代學術的分別，一是能不能把學術本身作爲目的，也就是學術獨立，再就是在方法上，是不是有了現代觀念的引入。主體和對象，傳統的看法是合一，所謂「人與天地萬物爲一體」，現代的看法，認爲應該分離。中國學術下一步會有怎樣的發展，不好預期。

**余敦康**：陳寅恪爲什麼寫《柳如是別傳》？王國維爲什麼自殺？就是把情感投入進去。

**劉夢溪**：陳寅恪喜歡講古典今情。

**李慎之**：改革開放的大關不過，一切都無法辦。

**梁治平**：不能每個人都去直接追求價值目標，我們現在的問題是道德評價太多。

**李澤厚**：如反對王蒙、王朔，官方也反對「二王」，前現代和後現代合流。

**雷頤**：如五四，我認爲是前後夾擊中的五四。

**梁治平**：多元，與西方中世紀的多元不同，中國有一種符合統一的多元，外面壓力很大時可以分流，很多不同的人可以得到滿足，有發展的空間餘地，有發展的彈性。我自己的問題是，兩個概念，一個學術，一個現代學術，九〇年代大家注重學術，有人就說淡化了思想。脫離了學術還能不能產生思想？西方國家也有這個問題，如法國，也有人說學術獨立問題，提出學術的位置到底在哪裏。第二，劉先生談的較多的是古代的學術傳統，比較寬，那麼現代學術到底哪些方面和古代相區別？如果限定在人文，不能不考慮其他學術方法，如自然科學的方法。這個問題又涉及到中西的問題。如果停留在古今、中西，我認爲還不夠，西方的現代學術是一個變化的東西。是哪個西？西方有一個現代性的問題。社會學，有吳文藻學派，有王亞南學派。

**雷頤**：還有薛暮橋、潘光旦。

**何懷宏**：我看劉先生的長文，首先感到形式好，在報紙上發這麼長的文章。我喜歡看長文章，有它的意義。我覺得搞學術的人太多了，太多了就要淹沒。（劉夢溪：不知

**學術爲何物，不知今夕是何年。）**此文的發表有一種社會的意義，體會到學術本來的味道。文章中提到的學術獨立，過去講皮之不存，毛將焉附，學術是毛，學術應有自己的皮，應有很好的一張皮。文章採取敘論的觀點，比較得體。基本上講二十世紀前半葉，在所講到的，好像我認爲中國社會還是一個過渡期，可能就要或正在走入一個穩定的時期。處於過渡期，從外在條件來說，一個學者再聰明，再有學力，也很難在成果上建立一種現代學術體系。我可以說，是又仰視，又俯視。從成果和型態看，這些大師在二十世紀是做得最好的，但還有過渡時期的某些特徵。**（李澤厚：還沒有產生對世界有影響的大師。）**

**劉夢溪**：大家的發言使我深受教益。「深受教益」四個字，我用的是它的本源意義，我體會到了什麼叫「教益」。這在我個人是一種殊榮。很多意見都是極可珍貴的，如進化論的引入問題，傳統和現代區分的標準問題，唯物史觀的處理問題，都是非常重要的日後我修訂時需要考慮的問題。澤厚還提出一些人物的評價問題，如馬一浮。二十世紀我偏愛兩個人，一是陳寅恪，一是馬一浮。我甚至認爲馬一浮對儒學和佛學的貢獻是近代以來的第一人。**（李愼之：你還偏愛太虛。）**那倒沒有，現代佛學我比較偏愛楊（文會）、歐（陽漸）。

今天我們共同體驗了談講之樂和切磋之樂。我已經很富有了，不只是感謝，而且心存感激。

（本記要係由中國文化研究所工作人員記錄整理）

【附錄二】

# 什麼是中國現代學術經典

李慎之

一九九六年底，我從《中華讀書報》上拜讀到劉夢溪先生的大文《中國現代學術要略》，分兩期刊載，整整四大版，煌煌六萬言。在今天而有這樣的大文章，實在出人意外，因此一口氣就讀了兩遍，覺得引舉繁富，議論閎肆，甚爲希有。但是對其立論之大端，不能不有懷疑。事隔一年，才知道先生當時是在主編一部名爲《中國現代學術經典》的大書，而劉先生原來的《要略》即改稱《總序》而弁於各卷之首。書的《編例》說，第一批收四十四家，共三十五卷。看樣子是還要出第二批、第三批……卷帙之浩繁，體量之龐大，即使在當今出版「系列叢書」的熱潮中，也很突出。我以衰朽殘年，學力不足，雖有向學之志，亦絕無可能求全書而通讀之，甚至讀兩三卷都已感到氣力不勝，只能從書店櫃檯上略事翻閱，求能窺見其選材宗旨。我總覺得這不但是關係到對百年來中國學術的總體評價，而且也關係到下一世紀中國學術的走向的問題，既然有期期以爲不可者，總不能默爾而息，因此以此文就正于劉先生與海內外博雅君子。

## 一 什麼是學術

劉先生在其《要略》或《總序》開首第一章就說：

問題是到底什麼是學術？學術思想究竟指什麼而言？二十世紀第一個十年剛剛過後的一九一九年，梁啓超寫過一篇文章叫《學與術》。其中有一段寫道：「學也者，觀察事物而發明其真理者也；術也者，取所發明之真理而致諸用者也。例如以石投水即沈，投以木則浮。觀察此事實以證明水之有浮力，此物理也，應用此真理以駕駛船舶，則航海術也。研究人體之組織，辨別各器官之機能，生理學也。應用此真理以療治疾病，則醫術也。學與術之區分及其相互關係，凡百皆准此。」這是迄今看到的對學術一詞所作的最明晰的分疏。學與術連用，學的內涵在於能夠提示出研究對象的因果聯繫，形成在累積知識基礎上的理性認知，在學理上有所發明；術則是這種理性認知的具體運用。所以梁啓超又有「學者術之體，術者學之用」的說法。他反對學與術相混淆，或者學與術相分離。嚴復對於學與術的關係也有相當明確的界說，此見於嚴譯《原富》一書的按語，其中一則寫道：「蓋學與術異，學者考自然之理，立必然之例。術者據已知之理，求可成之功。學主知，術主行。」用知與行的關係來解喻學與術兩個概念，和任公先生的解釋可謂異曲同工。

這個頭實在開得太好了。因爲它一上來就點出了中學與西學的不同，也點出了傳統學術與現代學術的不同。如劉先生所說，梁任公是明確分疏「學」與「術」的第一人。自古以來，「學術」一詞，在號稱「一字一音一義」的中文裏一直是籠統地用著，從來也沒有人想去分辨，這正好印證了一個說法：從文明，再具體一點說是哲學，發軔之初的所謂「軸心時代」開始，中學與西學就各自循著自己的道路發展，西學是求真之學，中學是求善之學。或者換一種說法：西學一向從「實然」出發，中學一向從「應然」出發。這兩個傳統基本上互相隔絕而並行不悖地各自發展了三千年。（明朝由利瑪竇起引進的那點「西學」，與後來的相比簡直算不得什麼。）隨著鴉片戰爭打開了中國的大門，中學碰上了西學，從此開始了相互衝突、磨擦、吸收、融合這樣一個反覆不已的過程，這就是現代的（或曰近代的，並無基本區別）中國學術史。

劉先生講到「嚴復所要求的是一種純學術，做學問的目的就在學術本身，學術以外也不應有目的，因而也可以稱作爲己之學。」「爲己之學」，典出《論語．憲問》，「孔子曰：古之學者爲己，今之學者爲人。」孔子原義如何？今已不能知，然似亦不難推知。在一個爭名逐利的五濁惡世，一個人能夠不爲名，不爲利，只求學問，當然是值得推崇的事情。但是儒學經過兩千多年的發展，「爲己之學」已變成了相當精緻微妙的一套心性之學，與嚴復在西方學術影響下提出的「蓋學之事萬途，而大異存於鵠。以得之爲至娛，而無假外慕，是爲己者也，相欣無窮者也」這段話中所說的「學」完全不同了，因爲它們的「鵠」（目的）是不同的。中國人總是需要托古改制，托樑換柱，嚴復當然知道「爲己之學」在中國人心目中的崇高地位，同時他也不會不知道達爾文「以得之爲至娛，無假外慕」的進化論與理學家「但覺胸次一片天理流行，更無一毫人欲之私」的兩種「學」是截然不同的。

劉先生接下去寫道：「元朝時，羅馬教皇以七大術介紹給元世祖，包括語法、修辭、名學、音樂、算數、幾何、天文。然而此七項大都關乎技藝，也就是器，屬形而下的範疇，與學術思想迥然有別。」這裏的名學就是邏輯，嚴復稱之爲「一切法之法，一切學之學」。連邏輯都要歸於「形而下者謂之器」的範圍，說實在的，天下就再沒有什麼學問可以稱爲「純粹的學術」了。中國傳統的儒學自從與佛學合流以後，已經完成了一套明心見性的封閉體系，自謂能「道通天地有形外，思入風雲變幻中」，最後還是「究竟無得」。這一套不但不能抵擋西方的「堅船利炮」，也再不能滿足中國人心智的要求了。

劉先生一再提到董仲舒的話：「正其誼不謀其利，明其道不計其功。」董仲舒陳義雖高，但是他說的「道」與「誼」（通「義」）不但根本與西學的「道」與「義」概念完全不同，而且與儒門後學的「道」與「義」概念也完全不同。在程朱陸王看來，董的《春秋繁露》恐怕是太粗淺庸俗了。他所說的「道」，在嚴復看來，無非是「弋聲稱，網利祿」的東西，「皆吾所謂術而非所謂鵠者。苟術而非鵠，適皆亡吾學。」劉先生接下去把「道」定義爲「天地、宇宙、自然、社會、人情、物事所固有的因果性和規律性，以及人類對它的超利害的認知，甚至包括未經理性分疏的個體精神的穿透性領悟」。在這裏，「甚至」以前，可以大體認爲是西學之所謂「道」，「甚至」以後，可以大體認爲是中學之所謂「道」，雖然都可以叫做「道」，然而卻是截然不同的，目的不同，歷史不同，內容不同，結果不同，不可不察。

劉先生接著又下結論說：「世界上四大文化圈：古希臘羅馬文化圈、阿拉伯文化圈、印度文化圈和中國文化圈，都有悠久豐富的學術傳統爲之奠基。就中尤以中國的學術思想最爲發達。」我們必須指出，這個「最」字除了可以滿足某些中國人的虛榮心外，是缺乏足夠的事實支持的。就學術而言，歷史上同中國真正談得上交流接觸的，古代只有印度（也就是佛教），經過一千年衝突融合，算是「相化」了。但是就哲理上說，儒學化於佛學者爲多，不過又因爲最後落在「事父事君，無非妙道」上，因此就政治禮俗的框架上說還得以儒家爲主。至於印度本身，則壓根兒沒有受中國的什麼影響。而希臘羅馬文化，也就是後來通稱西學的，應該說相化的過程不過一百年，現在還沒任何理由說「我們的」就比「他們的」發達，僅僅以劉先生在《總序》或《要略》中提供的材料看，梁啓超、嚴復、王國維、陳寅恪似乎是不會同意的。撇開梁啓超、嚴復不說，王國維、陳寅恪一再講中國人是「實際的而非理論的」，也就可以思過半矣。近年來，文史學者引用得最多的是陳寅恪的一句話：「其真能於思想上自成系統有所創獲者，必須一方面吸收輸入外來之學說，一方面不忘本來民族之地位。」請注意：他是把「吸收輸入」放在「不忘本來」之前的。

說了以上的許多話，其實結論是早就有了的。不過事隔幾十年，人們漸漸淡忘了。最可怕的是一種籠罩一切的文化氣氛，使人們曾經建立過的知識結構慢慢模糊而又陷入曖昧朦朧的狀態。比如被認爲不過是「術」的幾何學吧，我在寫這篇文章時，才又回憶起六十多年前初學幾何「十大公式」時的激動心情。「等量加等量其和相等，等量減等量其餘相等……這也算學問？」但是很快就會感到一種不可抗拒的理性的力量，還可以感到一種不可抗拒的理性之美，最後徹底地被純理智的力量征服了。畢竟孟子說過「是非之心，人皆有之」。（但是孟子構造出來的卻只是一個道德體系，它在純理智上是很難經得起三推六問的，這就是中西學術差異的大較。）再想到歐洲多少代學者，在本世紀則像愛因斯坦這樣的人物，都受到歐幾里得幾何學的激動。中國人是花血汗、血淚、甚至血肉的代價才認識西學的。我總覺得老輩的學者第一是國學根底深厚，第二是對異文化新鮮感強，因此很快認識了中學與西學的差別。應該說，他們的認識本來不應該是最深刻的，下一步深入的認識與融化、超越，本來應該由我們這些後輩來完成。但是幾億人口的國家，幾千年的傳統，情性實在太深了，學了一些皮毛，慢慢又退回到無所謂的狀態，讓歷史或者叫做「時代的」潮流推著走。

最近看到台灣「中央研究院」的老院長，九十高齡的吳大猷先生的一篇文章，題目叫做《近幾百年我國科學落後於西方的原因》，其中說到：

很不幸的，我們在現代創用了「科技」這個名詞，代表「科學」與「技術」兩個（不是一個）觀念。在我們目前所注重的問題，二者的分別是重要的點。我們的動機是求知，「求真理」，往往在無邊的領域，由一些構想出發，按邏輯繼續不斷地推進，這是科學探索的要義。如有具體的問題，作有具體目標的探索，我們稱之為「技術性」的研究。這樣粗淺的說法並未能將「科學」和「技術」精確地鑒別。實際上，二者亦非可完全劃分的。最好是以一些我們熟悉的例子來說明。……三十年代核子物理的實驗和理論探索，乃純學術性（科學）的研究。四十年代初年原子彈的研究發展乃技術工程。每階段的研究，所需智力，無基本上的不同，但在探索的目標，是為求知或求實果，和探索的方法，則不同。

吳大猷先生以中國把「科學」與「技術」合稱「科技」是「一種不幸」。他的感慨是很深的。我打聽了一下，同屬漢字文化圈的日本就只有「科學」與「技術」，而並無「科技」一詞，只不知另外三個同屬漢字文化圈的韓國、越南、新加坡有沒有「科技」這個詞。而我們中國除了「科技」，還有「高科技」，「高新科技」，有人還以爲這是翻譯過來的，其實並無原本，完全是我們自己的創造。這恐怕也是中國文化「包容性」

的一個例證吧。有人惡謚之爲「醬缸文化」，雖然刻薄，也不是不應該知所警惕的。

吳大猷先生還說他「二十多年前讀英人李約瑟之巨著《中國之科學與文明》（**按：大陸譯為《中國科學技術史》**），讀到李氏舉出中國許多發明超前於西方，心中微感不安，蓋這些比較，或可使一些國人有自傲自喜的依據，以爲我民族在科技上長期超出於西方，只是近數百年落後於西方而已。」

吳大猷先生不是研究學術史的，他也認識到了：「我們由人本思想傳遞下來的偏實用性思想，也是我們的『近代科學』落後於西方的原因。不幸的是，這個原因經過清末的『自強運動』，直至近年，國人才漸有認識。」我不能肯定吳大猷先生知道不知道梁啓超、嚴復及其以後的王國維、陳寅恪等早已有認識，但是，如果說，在台灣，直至近年，國人才漸有認識的話，在大陸，我至今也還未發現有人提出比清末民初以後更深一步的再認識。現在，中國已提出「科學技術是第一生產力」，科技表面上取得了至高無上的地位，但是真正作爲科學的基石的「爲求知而求知」的精神在被批判了幾十年之後，卻仍然不見有人提到。我是「五四」以後出生的人。我知道「五四」的時候是有人大力提倡在中國傳統文化中缺乏的科學精神的。但是，我生七十餘年，唯一記得的辨明唯西方有「爲知識而知識」的傳統，認爲中國人應該學習的，只有大約十年前《讀書》雜誌倡導的一次討論，但是「莫爲之前，雖美而不彰；莫爲之後，雖盛而不傳。」這十年，再也聽不見同樣的聲音了。

劉先生長達七十餘頁的《總序》一上來就引舉梁啓超、嚴復兩位前輩之言辨明學與術，在我看來，似有從此分清「學」與「術」的意思。但是半頁以後，轉入道術、道器之討論，又進入中國學術傳統中曖昧模糊之境，以後近六萬字中「學術」一詞出現何止百次，再也不見分疏了。

我之固陋，竟不知道漢語中「學術」一詞的起源。查了查《漢語大詞典》，解釋有七條之多，舉例則有十多條。遠至《夜譚隨錄》，意思則從治國之術到妖狐的法術都有，就是沒有與梁、嚴兩先生之說相似的界說。我倒也有爲之作一區分的願望，但是，想來想去，既然生活中沒有，硬分還是辦不到，分了也是沒有人理，也就只有承認失敗，讓它繼續這樣用下去。至於「學術」一詞的意義也只有用今日編辭典的人所提供的「較系統而專門的學問」這個定義。再一想西文原也沒有與中文「學術」對等的辭。一個academic，大多只作形容詞用；作名詞用時，也只是「學者」的意思。不過「科學」與「技術」這兩個詞，人家是原來就有，而且一直有區分的。我真希望，中國不要別出心裁拿一個「科技」來混淆兩者的區別。雖然吳大猷先生也說「二者亦非可完全劃分」，但是它們在歷史上本來是分的，現在分一下還是有極大的好處，因爲它可以使我們永遠記住，「科學」就其本原說，只能是由求知的好奇心（intellectual curiosity）驅動，純粹爲求知而求知，只問真理（「真理」這個詞也非中國固有而來自佛經），不計功利的學問。中國引進西學百年，迄今在技術上有相當的成就，在科學上卻還沒有太大的獨創。當然，急於求成是不必要的，但是在民族心理上，永遠要培養自己求真的精神。一般來說，觀察一個民族的歷史以至命運，自然以政治、經濟、社會爲主，但是要分析到最深層、最核心的問題，那就非從學術，非從學術的出發點研究不可。王國維說「學術之所爭只有是非真僞之別」，要知道，這話是二十世紀以前的中國人所決然說不出來的，是中國人花了慘痛的代價才贏得的覺悟。

## 二　什麼是中國的現代學術

從傳統學術到現代學術，這個界限在哪裏？我們本來期望劉先生能告訴我們，但是，劉先生沒有那麼說，只好由我們來探索了。

中國學術一般認爲有三個高潮。第一個是中國學術思想自己「能動」（准王國維說）的結果，即春秋戰國時期百家爭鳴，「皆欲以其學易天下」的時代。一個宋朝道學（後來又叫理學）發生以至成熟的時代。造成這個新局面的主要是長達千年的印度佛教思潮衝擊的結果，經過長期的共處、衝突、磨合，到宋朝才終於如王國維所言「被中學所化」，至於爲什麼中學非要吸收佛學不可，除去社會政治等等原因而外，就學術本身講，實由於佛學的抽象思維能力強於儒學，中國人如不能高攀而化之，實在不能滿足人類天性中要求不斷提高抽象思維能力的天然要求。中國學術的第三個高潮始於清末與西方學術大規模接觸之後。這個過程還沒有完，也許竟沒有「完」的時候，因爲世界已進入全球化的時代，全球化的程度只能愈來愈廣，愈來愈深，誰化誰？怎樣化？都有待觀察，更有待參與。

打一個譬方，中學與西學接觸，就等於長江出了吳淞口，滙入太平洋，再不能守住過去的河道了。

首先可以就學術的分類說。中國歷史上有許多分類法，如孔門六藝就是，但至少到大規模接觸西學以前已公認分爲經、史、子、集四大部，不過，經西方學術一衝擊，又不知不覺變爲人文學科（或曰人文科學）、社會科學、自然科學三大部門。前兩年，中國除中國科學院與中國社會科學院以外，還成立了中國工程院，也是把科學與技術分開的一個表示。這種分類法大體上與近代西方文化圈的國家一致，在世界也屬於全球化過程的一部分。中國近代史是隨著所謂「數千年未有之變局」開始的，中國近代學術也是一樣，開始了一個「數千年未有之變局」，一下子增加了許多全新的學科：數學、天文學、物理學、地理學、化學、地質學……還有經濟學、政治學、社會學、法學……雖然其中有些學科不能說在傳統中國學術中沒有淵源，但是新舊學問已大異其趣，從概念與術語的確立，到體系的建構，方法的採用，人才的培養制度可以說基本上是外來的。用本世紀初中國文科最高學府——清華國學研究所章程裏明確的斷語說，叫做「新自西來」。

這樣一些外來的學術，經過中國人上百年來的消化吸收，已經毫無疑問地成了中國現代學術的一部分，而且正是它們構成了中國現代學術的標誌，要把它們排除在中國現代學術之外是不可能的。當然，由於中國在這些方面的底子不如人家厚，至少在自然科學與社會科學兩方面，暫時還不能說有世界水平的成就，但是大體上也可以算得上是一個「科技大國」了。

中國傳統學術與現代學術因此而有兩個清晰的「界標」，這就是繼上面提到的梁啓超與嚴復諸先賢之後的五四先賢爲我們找出來的「民主」與「科學」。科學思想是我們中國學術自從軸心時代起就缺乏或者極不發達的，經清末的諸位先驅發現之後亟需補課的；民主思想也可以說是我們自古以來所沒有的（從孟子到黃宗羲的民本主義畢竟不是民主主義），然而它卻是培養科學思想之所必需，因此兩者缺一而不可。自從清末逐漸醞釀，到五四時期經陳獨秀提出要擁護德先生（democracy，即民主）與賽先生（science，即科學）的大聲疾呼而成爲不刊之論。從此以後，凡是朝這個大方向努力的，就是現代學術，與這個大方向相違背的，就不是現代學術。在二十世紀，中國沒有自己的愛因斯坦、普朗克、玻爾，也沒有自己產生相對論和量子力學。它們從外國引進以後，當然不可能在廣泛的學術範圍內產生大面積、階段性的變革與影響（在西方，一個大科學家，如牛頓或愛因斯坦，發現一個重要的科學原理，因而對整個學術界發生劃時代的影響，是常事）。因此，除民主與科學而外，中國學術不可能有別的區分現代與傳統的標準。

五四的時候，胡適提出「以科學方法整理國故」，幾十年來訾議甚多，然而卻無論如何推翻不了這個命題。一百年來，即使傳統的國學，如果不是以科學方法整理過的，也不能算是現代學術。

在第一批入選《經典》的學者中有馬一浮，我久仰他的大名，可是迄無機會接觸他的著作。現在因爲《經典》裏有他的專卷，就整整花了一個星期的時間仔仔細細讀了一遍。老年昏瞀，對我是很吃力的，但是讀了以後，卻很失望。馬先生記誦之廣博，驅遣文字之純熟，是極少見的大才；全卷六十萬字，一以窮理盡性爲旨歸，也許無愧爲當代聖人。但是我最後的印象卻是：他全然是一個冬烘。這只是因爲其中了無一毫新意，全不脫程朱陸王窠臼，或者如他自己所說「不能出先儒所言之外」，不過引用禪僧語當較多而已。久聞先生二十歲即先赴美，後赴日留學，帶回德文版《資本論》一部，是把馬克思著作引進中國的第一人，但五十萬字中，竟看不出受西學影響的絲毫痕跡（更說不上馬克思主義），只是一再痛詆西學，說「今時科學、哲學之方法……其較勝者理論組織饒有思致可觀，然力假安排，不由自得……以視中土聖人始條理、終條理之事，雖天壤未足以爲喻。」他堅持一切學術「統於六藝」（即易、書、詩、禮、樂、春秋），「六藝統諸子」、「六藝統四部」，「西來學術亦統於六藝，如自然科學亦統於易，社會科學人文科學可統於春秋，文學藝術統於詩、樂，政治、法律，經濟統於書、禮」，而六藝又都統攝於孝經，統攝於一心。這就是他說的「始條理」；最後又統攝於易，這就是他說的「終條理」。這些話，再加上種種細說，如仍然以裸、鱗、毛、介講動物分類，又說地球繞日而轉與日月繞地而轉者「其實相同，如雲駛月遠，舟行岸移，未能克指其孰轉也」。種種議論，讀之令人撟舌不能下。蓋先生天資聰穎，早通儒學，所謂「留學」兩年，其實未嘗一日進學校，而是在清朝駐外機構做小官。大概他當時即鄙棄西學，任何海外奇談都不能動其所守。上世紀末，嚴復說「風氣漸通，士知弃陋。西學之事，問塗日多。然亦有一二巨子，謂彼之所精，不外象數形下之末；彼之所務，不越功利之間。逞臆爲談，不咨其實。」這話竟好像完全是針對馬先生而發。可是，馬卻比嚴整整小了三十歲。因此，稱先生爲宋明道學家之殿軍，吾無間言；稱先生之學爲「現代學術經典」，則斷斷不可。我所以不惜犯口業，唐突前賢，實在是因爲傳統與現代不能沒有個原則界限。照中國古人帶點誇張的說法，這也是億兆生民立命的大事，我們是決不能學馬先生所說「得其一，萬事畢」的。當然馬先生按傳統的標準完全可以說是粹然純儒，其學「圓滿具足」，比之於一心想立說垂統，然而概念糊塗，邏輯混亂如太虛法師（**他也是劉先生認可的經典作家**）者，是相去不可以道里計的。

《現代學術經典》所收的作家中，錢基博先生倒是我比較熟悉的，因爲是同鄉父執，從小認識的緣故，在小學時就讀過他的文章。他的《現代中國文學史》也是一出版就看到了，那時我還在讀初中。當時很喜歡他的文字，倒不是因爲他的文學見解，而是因爲其中雜糅了大量掌故，又收入許多清末民初傳誦一時的文章詩詞的緣故。即使如此，也有幾個問題當時就奇怪，到現在還是弄不懂的：第一，他心目中的現代文學，以王闓運開頭，可又對此毫無解釋，只有開宗明義第一句：「方民國之肇造也，一時文章老宿者，首推湘潭王闓運云！」一部大書就用這樣一句很夠「古文筆法」韻味的話開頭，實在令人無法索解。第二，他分「新文學」爲「新民體」、「邏輯文」、「白話文」三類。而以章士釗自稱其文爲邏輯文之故，把章士釗推爲邏輯文之創始人。我從那時起就一直想弄清楚什麼叫邏輯文，因爲看章士釗的文章實在看不出有多少特別講究邏輯的地方。他也毫無解釋，只說了一句「語言文章之工，合於邏輯者，無有逾於八股文者也。」這個道理幾十年無法使我信服。第三，他在「白話文」中獨推胡適爲帥，而翼之魯迅與徐志摩。其實，一部三十萬言的《現代中國文學史》涉及胡適、魯迅、徐志摩兼及周作人、郭沫若、郁達夫、蔣光赤等白話文作家的不過七人，文長總共不過五六百字，而對魯迅的評斷則是「樹人頹廢不適於鬥爭」，「周樹人、徐志摩則爲新文藝之右傾者。」他還居然提到左翼作家聯盟，而竟不知魯迅是左聯的領袖。他年紀小於魯迅七歲，而持論怪異如此，真叫人不敢相信自己的眼睛。我不久以後就看到魯迅在《准風月談》的後記中提到《大晚報》上有人向他介紹錢基博的「魯迅論」爲「獨具隻眼」。魯正傳》。當然，馬上有人跟我解釋，《阿Q正傳》是文學作品，而《中國小說史略》是學術著作。但是這只能更加增加我的困惑。思想家與學問家對於一個民族以至人類，到底哪個更重要呢？劉先生不是也說，梁漱溟提出「世界未來文化就是中國文化的復興，有似希臘文化在近代的復興那樣」，其「思想價值遠遠高於學術價值」嗎？好像這兩三年在中國文壇學界又掀起了思想與學術孰輕孰重的論爭。不知有沒有公認的結論。我只知道，西洋求真的爲己之學都是以思想名垂後世的。至少就魯迅來說，《阿Q正傳》代表了二十世紀初中國民族的反思。寫《中國小說史略》所需要的學力也許不難被後人超過，而寫《阿Q正傳》所需要的洞察力，至少迄今還未見有人超過。思想家與學問家到底孰輕孰重，對我是一個困惑的問題。

## 三　什麼是中國的現代學術經典

在汗牛充棟的現代學術著作中要選出「經典」來，非有一系列取捨的標準不可。但是劉先生只說了一句「彌久不變和與時俱新是經典的兩個方面」。這話當然符合一般對經典的看法。「經典」這個詞來自宗教或準宗教（如中國的儒學），在宗教徒看來，其教主的言論本來是無古無今，無新無舊的。但是要照這個標準在一般學術作品裏挑經典作品，實在是難之又難。趙翼詩云「李杜詩篇萬口傳，到今已覺不新鮮。江山代有才人出，各領風騷五百年。」說的即使是文學作品，也難以保持「永恒的魅力」。自然科學我不懂，但是聽說華羅庚先生曾說過這樣的話：「文科學生的書愈讀愈厚，理科學生的書愈讀愈薄。」大概意思是說，自然科學只要發現一個定理，證明一個公式，則求證的過程即失去意義，資料無再看之必要；文科即使完成了一篇論文，用過的資料仍不失其價值。這話是說得很深刻的。不過這話也同時暗示了，自然科學的著作成爲經典的可能要大得多。在二十世紀的中國，自然科學與社會科學的著作數量倒也不少，但是兩者都算上，又有多少「經典」可以挑得出來呢？

好在這個難題現在已被劉先生所繞過，他在《總序》的末尾說「學術之立名，理應包括人文、社會科學和自然科學，茲編所限，自然科學部分沒有收入，只好遺爲一憾。」但是從第一批列爲「經典作家」的名單看，基本上也沒有社會科學家，除非把歷史學算上。（而在有的國家，歷史學往往算在人文科學的範圍內，即中國古代的所謂「文史之學」，或現代之所謂「文史哲」。）此外，法學、經濟學、社會學……一概沒有。蕭公權入選之作是《中國政治思想史》，也許就算政治學的著作了，其實它更近於思想史。這樣，這個「一憾」也未免太大了一些。而且，即使叢書不能包括，《要略》還是以論列一下爲好，連陳寅恪論現代學術時都還說到「地震、生物、氣象等可稱尙有相當貢獻。」

我對自然科學近乎文盲，當然，耳聞目睹，腦子裏也有一些書名人名，但是鑒於近年來對號稱國家最高獎的自然科學一等獎屢次輪空評不出來，實在不知道幾十年來有哪部著作夠得上「經典」。

以公認爲一民族思想之載體，甚至照最新的語言學理論，認爲是思想之起源的語言文字爲例，上世紀末，馬建忠著《馬氏文通》，立刻招來許多批評，以爲他是以西洋文法硬套中國文字，是「削足適履」。但是中國通行白話文以後才半個世紀不到，已經有人指出，中國的文法已經「西化」，甚至「全盤西化」了，五十年代初，呂叔湘、朱德熙兩先生編的《語法修辭講話》就是明證。語言文字是號稱最保守的東西，看來《語法修辭講話》再規範現代漢語五十年的可能還是有的。如此，這部書能不能稱爲「經典」呢？

劉先生把「中國第一個眞正瞭解西方文化的思想家」嚴復收入《現代學術經典》是極有見地的。雖然嚴復自己的著作不多，但是他所譯的西方名著都是有很強的針對性的，哪怕這些著作本身在本國未必都是「經典」。它們都能切中中國社會的需要或中國學術的缺陷，因此可以當之無愧地列爲「經典」。正如在中國古代，印度佛教經典的中文譯本早已成爲中國哲學的經典一樣。如以史學而論，中國近代史學或可推原於夏曾佑的《中國歷史教科書》，然而夏書亦不過體例稍有新意，內容並不現代。又據陳寅恪說，日本明治維新以後，對中國史的研究突飛猛進，以至中國學生要去日本學中國史。他曾有詩云「群趨東鄰受國史，神州士夫羞欲死。」陳先生自己是史學名家，決不會妄說。他治中外關係史也確是受法國東方學的影響。他在一九二九年的《王觀堂先生輓詞》明確提到法國的伯希和與沙畹，日本的藤田豐八、狩野直喜和內藤虎次郎，這些人都是對現代中國史學，至少對王國維、陳寅恪兩位大家有直接影響的人物。我於史學無所知，只是瀏覽過馮承鈞翻譯的外國學者對中西交通史的論文，著實驚訝於他們的功力實在高出於並世的中國學者以上。這些都值得探討一下。如果方便，也並非沒有理由收入《現代學術經典》。

劉先生把趙元任作爲「經典作家」，大概是因爲他對中國音韻學現代化的貢獻，但是中國現代音韻學真正的祖師爺卻是著有第一部《中國音韻學》的瑞典人高本漢。照胡適的說法，高本漢「有西洋音韻學的原理作工具，又很充分地運用方言的材料，用廣東方言作底子，用日本的漢音、吳音作參證，所以他幾年的成績便可以推倒顧炎武以來三百年來的中國學者的紙上功夫。」胡適還說「一個瑞典學者安特森發現了幾處新石器，便可以把中國史前文化拉長幾千年。一個法國教士桑德華發現了一些舊石器，便又可以把中國史前文化拉長幾千年……周口店發現了一個人齒，一個解剖學家步達生認爲是遠古的原人，這又可以把中國史前文化拉長幾萬年」。胡適所說的這些，均應屬於中國現代學術經典無疑，因爲它們都表明科學在中國的成長。劉先生不也把鳩摩羅什這個外國人列爲中國古代的大師麼？

前幾年才完成的《中國歷史地圖集》，還有最近才完成的《中國動物圖志》和《中國植物圖志》是不是也夠得上中國的現代學術經典呢？瑞典的林奈不就是因爲首創科學的動物分類法而與牛頓一起被尊爲近代科學之父的嗎？……

類似的問題還可以不斷提下去。這樣的問題都是要編輯名爲《現代學術經典》這樣的大書不可以不考慮的。這部大書的命名「現代學術」的規模實在太大，而「經典」的標準也實在太嚴了。

《經典》全書規模，非我所能知，但僅從現在已透露者而言，似乎如能定名爲《現代國學大師叢書》或《中國傳統學術的當代大師叢書》，或《學術名著》，或者遺憾可以小一點，或者竟可無遺憾，至少我個人是不會有任何意見的。

最令人不可理解的是，縱使把這一部幾千萬言的大書改名爲《現代文史哲經典》也不知爲什麼竟不收中國學術（哪怕只是文史哲）轉型期間，旋乾轉坤，承先啓後的譚嗣同、孫中山、陳獨秀這幾位頂天立地的人物。他們對中國學術現代化的貢獻應該是已經有定評的。遠的不說，僅以不到十年前出版的馮友蘭的《中國哲學史新編》就對他們都列有專章，而對《經典》收錄的許多其他人卻置之不顧。馮友蘭把譚嗣同稱作戊戌維新運動的「激進理論家和哲學家」，把孫中山稱作「舊民主主義的最大理論家和最高領導人」。對於陳獨秀，馮友蘭更稱道其在五四前的一九一五年在上海創辦《青年雜誌》首先揭櫫「人權與科學」，「就是後來新文化運動所高舉的兩面大旗：『民主』與『科學』」。他說「陳獨秀的這篇文章，不僅爲《青年雜誌》開宗明義，也爲新文化運動開宗明義。因爲在此以前，討論東西文化的人們，還沒有人能這樣明確地點出問題之所在，而加以這樣簡明扼要的說明。」

劉先生在《現代學術要略》這篇煌煌大文的標題之下，引了阮元的一句話：「學術盛衰，當於百年前後論升降焉。」其奧妙亦非我之愚所能參透。阮芸台於乾嘉盛世爲高官，爲文宗，校刻《十三經註疏》，編行《疇人傳》，關心及於中國士大夫歷來不甚措意的數學，應當可以算得一個通儒，但是他在學術上所見的世面，實在無法望其後輩之項背。他說的這話（我之固陋實不知他在何時、何地、何文中說這句話的），想來至少一個半世紀過去了，不知他曾否料到中國傳統學術在他身後會遭到力量遠大於佛教的挑戰。中國是迎接了這個挑戰，但是事情當然不會是徑情直遂的。一百多年來，傳統學術當然會有復辟，如袁世凱之建立孔教會；也有反省，如台灣新儒學之力求「返本開新」；也有「轉進」，如「文化大革命」之名爲革命，其實更嚴重的是其「復舊」的一面……種種情況，不一而足，而真正的新學還沒有能茁壯成長。從表面上看，中國自然科學與社會科學似乎門類基本齊全，也能在社會上發生作用，也能與國際接軌，但是嚴格意義上的科學還缺少獨創。阮元難道預見到了這方面的升降嗎？他難道能要求中國的現代學術升而傳統學術降嗎？或者，哪怕如今天有人預言的那樣，「西學必衰，中學必興」（如《獨守南山共中國》所說），百年而後興起的中學，阮元還能認識而認同嗎？馬一浮在四十年代就因爲時人已不學四書五經，與他言語不通，而說「日日學大眾語亦是苦事，故在祖國而有居夷之感」。比他年紀要大一百歲的阮元能感到更自如嗎？

梁任公早已說過：「近代的中國是世界的中國。」孫中山也說：「世界潮流，浩浩蕩蕩，順之者昌，逆之者亡。」看來中國學術也只有走全球化的道路，而且是已經走上

【附錄三】

# 怎樣評價現代學術——與李慎之先生商榷

鄧小軍

## 民主與科學並非與中國傳統相悖

李慎之先生的〈什麼是中國現代學術經典〉，是爲批評劉夢溪先生《中國現代學術要略》而作，涉及中國現代學術與傳統學術的重要問題。今陳述筆者所見，以就正於李先生及讀者。

李先生文章第一部分「什麼是學術」說，從文明、哲學「發軔之初的所謂『軸心時代』開始，中學與西學就各自循自己的道路發展，西學是求真之學，中學是求善之學。或者換一種說法：西學一向從『實然』出發，中學一向從『應然』出發。」又說，「中國傳統的儒學……最後還是『究竟無得』。這一套不但不能抵擋西方的『堅船利炮』，也再不能滿足中國人心智的要求了。」又說，「孟子構造出來的卻只是一個道德體系，它在純理智上是很難經得起三推六問的，這就是中西學術差異的大較。」依李先生所說，西學是求真之學，中學則是求善之學，儒學作爲道德人性思想，經不起純理智的推問，「究竟無得」，「再也不能滿足中國人的心智要求了」。這樣，中學、儒學是被李先生否定了。

筆者的認知有所不同：西學不僅是求真之學，西學亦包括求善之學即道德人性思想；西方的道德人性思想，亦是「在純理智上很難經得起推問」，但是在確立人權民主的思想中間卻發生了重大作用。古代希臘羅馬之間的斯多亞派哲學，確立了西方的道德人性思想，其核心是：自然法是善，自然法賦予人類以道德人性，天賦人性本善，人性平等，而不分種族、階級。斯多亞學派的天賦人性本善、天賦人性平等思想，雖然在傳統的西方哲學史上不居主流，但是在近代歐洲法律思想史和政治思想史上，卻成爲確立天賦人權和天賦人權平等、政治權利平等、主權在民的人權民主思想的邏輯前提。在現代，聯合國《世界人權宣言》仍然繼承了此一有人性然後有人權民主的思想理路。

格勞秀斯《戰爭與和平法》第一卷一章：「自然法是正當的理性準則，它指示任何與我們理性和社會性相一致的行爲就是道義上公正的行爲；反之，就是道義上罪惡的行爲。」洛克《政府論下篇》第六節：「理性，也就是自然法。」第六一節：「我們……

是生而具有理性的。」第一三六節：「自然法是不成文的，除在人們的意識中之外無處可找。」盧梭《論人類不平等的起源和基礎》：「自然法的觀念，顯然就是關於人的本性的觀念。」這表示：自然法是善，自然法賦予人類以道德理性，天賦人性本善，天賦人性平等。

《世界人權宣言》：「第一條：人人生而自由，在尊嚴和權利上一律平等。他們賦有理性和良心，並應以兄弟關係的精神相對待。」「第廿一條：（一）人人有直接或通過自由選舉的代表參與治理本國的權利。（二）人人有平等機會參加本國公務的權利。（三）人民的意志是政府權力的基礎。」這表示：因爲天賦人性是道德理性，天賦人性人人平等，因此天賦人權人人平等、政治權利人人平等、主權在民。此是人權民主思想核心邏輯簡練、完整的表述。

可見，西學亦有求善之學即道德人性思想，西方道德人性思想在確立人權民主的政治思想中發生了根本作用。

儒家的天道—人性思想，認爲天賦人性是道德理性、人人具有，人性來源於並同質於天之道。這與西方的自然法—人性思想有同有異，但在基本結構（**人性來源於天道或自然法**）和主要意義（**天道或自然法是善、天賦人性本善**）上則是一致的。

由此當問：自然法—人性思想、天道—人性思想，是否必須「經得起純理智推問」，才可能證明具有合理性？筆者認為：道德人性思想的合理性，未必要「經得起純理智推問」，始能被證明。道德人性思想在人權民主思想中發生根本性作用的歷史事實，即是其合理性的證明。實際，道德理性與知性理性各有擅場，亦各有限度；可以並行不悖，而不能相互抹煞。以人權民主思想為例，若無道德人性的肯定，則人權民主無從建立其邏輯前提；若無知性理性方法及權利觀念的運用，則不能從道德人性推導出其邏輯結果人權民主。對於天賦人性、道德理性的真實性，不能僅以知性理性來認知和判斷。僅以知性理性對人是否有天賦人性、道德理性作「三推六問」，是運用知性理性的出位，結果將無從肯定道德人性，亦無從確立人權民主。

接受民主與科學，是否有理由否定中國的道德人性思想？筆者以為：既然西方的道德人性思想在人權民主思想中發生了根本性作用，即使從人權民主角度亦不容否定之，而中國的與西方的道德人性思想在本質上具有一致性，因此即就此點而論，接受民主與科學，亦沒有理由否定中國的道德人性思想。人權民主思想的邏輯前提是道德人性思想，為了民主而否定道德人性思想，這不合邏輯。

不由得想起了殷海光。殷海光先生是一位自由主義者，以幾乎畢生的精力「攻擊中國傳統、提倡科學與民主」。殷先生「對科學與民主之闡釋，往往超過早期五四人物的言論」，被稱爲「五四思想集大成的殿軍」。但是，「殷先生對中國傳統文化的態度在他生命中最後幾年有重大的改變」。（林毓生《中國傳統的創造性轉化》）

一九六七年殷海光給林毓生的信寫道：「如果一個時代的知識分子完全放棄了傳統，他們即使高唱自由，這種自由是沒有根基的。」（同上）

一九六八年《殷海光「病中語錄」》：「中國的傳統和西方的自由主義要如何溝通？這個問題很値得我們深思。許多人拿古代西方的自由思想去衡量古代的中國而後施以抨擊（胡適和我以前就犯了這種錯誤）。」（同上）

殷海光先生晚年，第一，認爲反傳統的自由主義是沒有根基的；第二，對現代中國自由主義的命運，提出了加以研究和思考的要求；第三，從反中國文化的自由主義，轉變到期望中國文化與自由主義溝通，此値得人們深思。

馬一浮先生是否「是一個冬烘」？

李先生文章批評《中國現代學術經典》「入選的學者中有馬一浮」，李文說，「他全然是一個冬烘，這只是因爲其中了無一毫新意，全不脫程朱王窠臼」，「久聞先生二十歲即先赴美，後赴日留學，帶回德文《資本論》一部，……但六十萬字中，竟看不出受西學影響的絲毫痕跡（更說不上馬克思主義了），……稱先生爲宋明道學家之殿軍，吾無間言；稱先生之學爲現代學術經典，則斷斷不可。」

馬一浮先生曾說：「我爲學得力處，只是不求人知。」（《馬一浮集》第三冊）這是一位真正儒者的學養呈露，亦是其始終如一的人生實踐。馬一浮一生，不參與政治，甚至亦不參與學校教育。抗日戰爭期間，馬先生應浙江大學校長竺可楨之聘在江西泰和、廣西宜山浙大講學，和應當時政府之請在四川樂山創辦復性書院，是一段特殊例外。但馬先生仍爲識者所知。賀麟《當代中國哲學》評價馬一浮：「他的文化哲學的要旨是說，一切文化皆自心性中流出……只要人心不死，則人類的文化即不會滅絕。……這是很有高遠識見。」徐復觀《如何讀馬一浮先生的書》說：「中國當代有四大儒者，代表著中國文化『活的精神』」，其中，「馬先生義理精純。」

今舉證馬一浮學術見解，以事實來表明：李文對馬一浮先生的批評有無道理？

馬一浮《泰和宜山會語》：「近來有一種流行語，名爲現實主義」。「於現在事實盲目的予以承認，更不加以辨別」，「於是言正義公理者便成爲理想主義。若人類良知未泯，正義公理終不可亡，不爲何等勢力所屈服，則必自不承認現實主義而努力於理想主義始。因爲現實主義即是勢力主義，而理想主義乃是理性主義也。所以要『審其所由』，行爲要從理性出發，判斷是非」，「寧可被人目爲理想主義，不可一味承認現實，爲勢力所屈。尤其是在現時，吾國家民族方在被侵略中，彼侵略國者正是一種現實勢力。須知勢力是一時的、有盡的，正義公理是永久的，是必勝的。吾人在此時，尤須具此堅強之信念，以爲行爲之標準。」此是馬先生在抗日戰爭初期的一九三八年對浙大畢業生的演講詞。其中辨別理想主義與現實主義之分別，在於要不要正義，可謂深切著明；激勵中國人民以正義必勝的信念進行抗戰，可謂大義凜然。馬一浮這些思想，不僅真有現代意義，亦具有恒久意義。

《馬一浮先生語錄類編．史學篇》：「有客來談：歷史只是戰爭，將來如無戰爭，人類恐亦將歸於澌滅。答云：自有載籍以來不過五千年，此在無始無終期間，所占時間本屬甚暫。本此經驗以斷定人類之將來，恐不必然。經驗即自習氣中來也。」

《師友篇》：「一日，北京大學哲學系教授黃建中謁見先生，談論矛盾義。先生曰：從矛盾中見不矛盾，方是哲學最上乘。」

《政事篇》：「此時縱不高談仁義，但以現代國家而論，如蘇俄未嘗不膚革充盈，望之儼然，而其腹心之中未必無疾。」

馬一浮先生此三條語錄，前兩條是依據中國哲學「萬物並育而不相害」之道，批評人類史皆戰爭史的歷史哲學，及矛盾論的本體論；第三條則是對蘇聯的批評。對馬一浮先生這些思想是否贊同，不妨見仁見智，但是這些思想所具有的現代性，則難以否認。《泰和宜山會語》：「六藝之道是前進的，決不是倒退的，切勿誤爲開倒車；是日新的，決不是腐舊的，切勿誤爲重保守；是普遍的，是平民的，不是貴族的，切勿誤爲封建思想。要說解放，這才是真正的解放；要說自由，這才是真正的自由；要說平等，這才是真正的平等。」此是以自由平等之精神，解釋儒家思想之性質。對其立論之內容，不妨見仁見智，但是其立論之具有現代性，則是明明白白。

馬一浮《復性書院講錄》：「詩以感爲體，令人感發興起」，「此心之所以能感者便是仁，故詩教主仁」，「須是如迷忽覺，如夢忽醒，如仆者之起，如病者之甦，方是興也。興便有仁的意思」，「即仁心從此顯現」。此是以中國哲學的人性論，解釋中國詩學的興發論；以仁心的甦醒，揭示興的本質；在中國詩學史上實爲重大創見。葉嘉瑩教授許多年來以興發感動解釋中國詩之特質，近年則援引馬先生此言，進以仁心的甦醒解釋興發感動，並指出此言「是對廣義之『詩教』而言的一種極能掌握其重點的體認和說法」（**《我的詩詞道路》**）。

以上所舉，足證馬一浮之學所具現代性、創發性。由此可見，李文批評馬一浮之學「了無一毫新意」，這一批評不合事實，不能成立，背離了知之爲知之、不知爲不知的知性理性態度。

至於李文稱馬先生爲「冬烘」，則是缺乏對前輩學人應有的尊重。

二十世紀就要結束了。筆者以爲，民主與科學不可無，中國文化亦不可毀，這是中國現代史的一條經驗教訓。中國文化與民主、科學，若無必然矛盾，則可以結合，或並行不悖。這是中國現代學術何妨從長計議的一條思路。（因篇幅有限，本刊在刊用此文時有刪節）

（原刊一九九九年七月三日《文匯報》之「文藝百家」）

【附錄四】

# 《中國現代學術經典叢書》編例

## 一　為什麼要編纂《中國現代學術經典叢書》

中國當十九世紀和二十世紀之交，已處於傳統社會向現代社會轉型時期。由於西學東漸和中外思想文化在新的歷史情勢下得以交流，現代學術思想遂開始孳乳和萌生。現代學術這一概念，主要以自覺地追求學術獨立和確認學者的思想自由爲特徵，而在研究方法上又吸收了新的科學觀念。正是在這一背景下，中國現代學者群中，有一大批傑出的碩儒巨子，爲人特立獨行，論學兼通中西，著文妙解神會，真正是民族文化血脈的傳承者和現代學術傳統的奠基者。他們撰寫的具有代表性的學術論著，在知識建構上固然博大精深，同時閃現著時代的理性之光，其開闢意義，其精神價值，都說明可作爲現代學術經典而當之無愧。事實上，今天的青年學人要使自己學有宗基，取徑有門，傳承有緒，中國現代學者的具有經典意義的學術著作，不只無法繞行，而且將成爲獲得靈感的重要源泉。

我們立意編纂《中國現代學術經典叢書》，主要有以下幾個方面的考慮：

（一）爲的是把那些具有經典意義的現代學者的著作，成系列地介紹給今天的讀者，使中國現代學術史上的光輝成果得以集中展示，並作爲系統的歷史文獻資料保存下來，流傳開去。

（二）五四前後中國現代學者所面對的問題，和我們今天面對的問題有驚人的相似之處，都是要爲傳統社會找到現代的出路；而現代化運動所依憑的精神資源裏面，總要伴隨著對原典的重新闡釋的過程。因此這套叢書的編纂，不只是對歷史文化積存的整理，同時也是對中國傳統社會向現代社會轉型時期原典精神的弘揚。

（三）雖然許多學者的著作以前曾以這樣那樣的形式出版過，但納入經典系列，在中國現代學術的特定概念的籠括下集中出版，這還是頭一次。保況我們稱之爲現代學術經典的著作裏面，有的只在三、四十年代或撰寫之初印行少許，此後由於種種原因迄未再版；有的在台灣、香港或海外出版了，內地卻沒有出版。研究者爲了用作參考，需要查找這些著作，有時頗費周折。因此我們編纂這套叢書，也是爲了給研究者提供翻檢的便利。

總之無論從學術意義還是文獻價值著眼，現在編纂一套高質量的《中國現代學術經典叢書》都有其必要，而且有一定緊迫性。說開來是學術研究、學術傳承和文化建設的需要，應該有人做這件事，早就該做，我們今天終於有條件來做了。相信這套叢書作爲一項系統的文化建設工程，隨著時間的推移會愈益顯示出嘉惠後人的永久價值。

## 二 《中國現代學術經典叢書》編纂辦法

（一）精選原典。中國現代學術史上有影響的學者和著作很多，但具有經典意義的是少數。具體到某一位學者，更不可能所有著作都是經典，最多有一部或幾部著作以及有的專題論文具有經典意義。這樣在遴選時，就必須審慎、嚴謹、精益求精。所謂經典，應該指那些在學科上有開闢意義，對某一領域的研究有示範作用，既爲後來者開啓無窮法門，又留下衆多的新問題，啓導後來者繼續探究下去。因此經典常具備兩種品格：一是彌久不變（mcaning），二是與時俱新（Signficace）。在遴選標準的把握方面，則試圖站在俯瞰學術史的高度，從學術本身的獨立價值著眼，而不受學術以外因素的牽擾。

《中國現代學術經典叢書》編例

（二）嚴格選擇版本，重新整理校訂。中國現代學者的著作，撰寫和出版的時間跨度比較大，版本很不統一，有的一直未經過重新整理。我們此次編選，擬分別不同情況，嚴格選擇版本，重新整理校訂；凡沒有新式標點的，一律加新式標點；原著因印行過程出現的舛誤，儘量予以改正。希望通過這次整理、校訂，使這些具有經典意義的現代學術大家的著作，能夠形成新的定本。

（三）入選的著作以專著爲主，同時也酌量選入一些論文。也可以說是名著與名篇並重。主要看所選論著是否「能開拓學術之區宇」，有「轉移一時之風氣，而示來者以軌則」之功效（陳寅恪語）。對學者自述學術次第及集中談爲學觀念和治學方法的文章，我們尤其看重，擬於每一家之後都有所附載。

（四）這套叢書以人爲卷，可以是一人一卷，也可以兩個人或三個人合卷，視篇幅多寡而定。大體按每卷五十萬字計算。每卷之前由責任校訂者撰寫一篇三至五千字的小傳，並附作者照片一幀。小傳的撰寫，須見出編選校訂者的知音賞會和獨特運思。對入選的著作和論文，謹以註腳的方式附一簡單說明，主要介紹寫作背景、出版或發表時間、版本源流及翻譯成其他語種的情況，儘量避免主觀評估。卷後附學術年表和著述要目，以供查閱的方便。

（五）叢書前由主編撰寫一篇總序，闡明《中國現代學術經典叢書》編纂緣起、編選原則、編選方法，並略述中國傳統學術和現代學術的關係，以及現代學術的淵源流別、總體成就、學術特徵、學科創獲和研究方法等，俾便讀者對中國現代學術獲致一輪廓性的瞭解。

（六）叢書編委會的組成，本著務實、有效的原則，聘請對中國現代學術有特殊興趣並對某些具體學者有一定研究的學術先進出任編委，分別擔任某一分卷的責任整理者，在主編主持下分工合作，共襄其役。叢書的整體設計和最後定稿，由主編全權負責。

## 三 《中國現代學術經典叢書》擬目

《中國現代學術經典叢書》，初步考慮擬從有影響的中國現代學者中選出五十家，最後定編還可以適當增刪。計有：

| | | |
|---|---|---|
| 一 | 楊文會 | （一八三七—一九一一） |
| 二 | 廖　平 | （一八五二—一九三二） |

| | | |
|---|---|---|
| 三 | 嚴 復 | （一八五三—一九二一） |
| 四 | 羅振玉 | （一八六六—一九四〇） |
| 五 | 蔡元培 | （一八六八—一九四〇） |
| 六 | 章炳麟 | （一八六九—一九三六） |
| 七 | 歐陽漸 | （一八七一—一九四三） |
| 八 | 梁啓超 | （一八七三—一九二九） |
| 九 | 陳師曾 | （一八七六—一九二三） |
| 一〇 | 王國維 | （一八七七—一九二七） |
| 一一 | 陳 垣 | （一八八〇—一九七一） |
| 一二 | 魯 迅 | （一八八一—一九三六） |
| 一三 | 馬寅初 | （一八八二—一九八二） |
| 一四 | 余嘉錫 | （一八八三—一九五五） |
| 一五 | 馬一浮 | （一八八三—一九六七） |
| 一六 | 吳 梅 | （一八八四—一九三九） |
| 一七 | 劉師培 | （一八八四—一九一九） |
| 一八 | 熊十力 | （一八八五—一九六八） |

| | | |
|---|---|---|
| 一九 | 楊樹達 | （一八八五—一九五六） |
| 二〇 | 黃　侃 | （一八八六—一九三五） |
| 二一 | 錢基博 | （一八八七—一九五七） |
| 二二 | 太　虛 | （一八八九—一九四七） |
| 二三 | 陳寅恪 | （一八九〇—一九六九） |
| 二四 | 胡　適 | （一八九一—一九六二） |
| 二五 | 趙元任 | （一八九二—一九八二） |
| 二六 | 郭沫若 | （一八九二—一九七八） |
| 二七 | 梁漱溟 | （一八九三—一九八八） |
| 二八 | 顧頡剛 | （一八九三—一九八〇） |
| 二九 | 洪煨蓮 | （一八九三—一九八〇） |
| 三〇 | 湯用彤 | （一八九三—一九六四） |
| 三一 | 范文瀾 | （一八九三—一九六九） |
| 三二 | 郭紹虞 | （一八九三—一九八四） |
| 三三 | 蒙文通 | （一八九四—一九六八） |
| 三四 | 吳　宓 | （一八九四—一九七八） |

| | | |
|---|---|---|
| 三五 | 錢　穆 | （一八九五－一九九〇） |
| 三六 | 馮友蘭 | （一八九五－一九九〇） |
| 三七 | 金岳霖 | （一八九五－一九八四） |
| 三八 | 傅斯年 | （一八九六－一九五〇） |
| 三九 | 李　濟 | （一八九六－一九七九） |
| 四〇 | 呂　澂 | （一八九六－一九八九） |
| 四一 | 蕭公權 | （一八九八－一九八一） |
| 四二 | 鄭振鐸 | （一八九八－一九五八） |
| 四三 | 羅常培 | （一八九九－一九五八） |
| 四四 | 方東美 | （一八九九－一九七七） |
| 四五 | 潘光旦 | （一八九九－一九六七） |
| 四六 | 向　達 | （一九〇〇－一九六六） |
| 四七 | 雷海宗 | （一九〇二－一九六二） |
| 四八 | 李方桂 | （一九〇二－一九八七） |
| 四九 | 唐君毅 | （一九〇九－一九七八） |
| 五〇 | 徐復觀 | （一九〇三－一九八二） |

## 四 《中國現代學術經典叢書》的規模、進度和出版時間

《中國現代學術經典叢書》總體規模爲三十卷，每卷五十萬字左右，總字數約一千五百萬。分期分批出版，第一批十五卷二十五家，一九九二年九月以前整理完畢交出版社，一九九三年六月以前正式出版發行。其餘十五卷，在一九九二年底以前全部編定，出版社於一九九三年底以前出齊。

## 五 附《中國現代學術經典叢書》編輯委員會組成人員名錄（略）

劉夢溪 一九九一年三月七日初稿

# 注釋

①②梁啟超：《學與術》，《飲冰室合集》第三冊「文集」之第二十五（下），第一二頁，中華書局影印版。

③《〈原富〉按語》第五八節，《嚴復集》（王栻主編）第四冊，第八八五頁，中華書局一九八六年版。

④賈誼：《新書·道術》，參見《新書校注》卷第八，第三〇二頁，中華書局二〇〇〇年新編諸子集成版。

⑤章學誠：《與朱少白論文》，《章學誠遺書》卷二十九，文物出版社一九八五年版，第三三五頁。

⑥嚴復：《涵芬樓古今文鈔序》，《嚴復集》第二冊，第二七五頁。

⑦章學誠：《文史通義》「原道中」，《章學誠遺書》卷第二，文物出版社一九八五年版，第一一頁。

⑧王國維：《論近年之學術界》，參見《王國維遺書》第五冊《靜安文集》第九四頁。

⑨章學誠：《文史通義》「感遇篇」，《章學誠遺書》第五三頁。

⑩梁啟超：《論中國學術思想變遷之大勢》，《飲冰室合集》第一冊，文集之七，第一頁。

⑪⑫⑬王國維：《奏定經學科大學文學科大學章程書後》，《王國維遺書》第五冊之《靜安文集續編》第三七頁至三八頁。

⑭陳寅恪：《吾國學術之現狀及清華之職責》，《金明館叢稿二編》（蔣天樞編）第三一八頁，上海古籍出版社一九八〇年版。

⑮《孟子．滕文公下》，楊伯峻之《孟子譯注》上冊，第一五五頁，中華書局一九八〇年版。

⑯司馬談的《論六家要旨》所說的「六家」，指陰陽、儒、墨、名、法、道德六家，陰陽家排在儒家之前，而真正稱頌備至的則是道家，其中寫道：「道家無為，又曰無不為，其實易行，其詞難知。其術以虛無為本，以因循為用。無成執，無常形，故能究萬物之情。不為物先，不為物後，故能為萬物主。有法無法，因時為業；有度無度，因物與合。故曰聖人不朽，時變是守。虛者道之常也，因者君之綱也。群臣並至，使各自明也。其實中其聲者謂之端，實不中其聲者謂之窾。窾言不聽，奸乃不生，賢不肖自

分，白黑乃形。在所欲用耳，何事不成。乃合大道，混混冥冥。光耀天下，復反無名。凡人所生者神也，所托者形也。神大用則竭，形大勞則敝，形神離則死。死者不可復生，離者不可復反，故聖人重之。由是觀之，神者生之本也，形者生之具也。不先定其神，而曰我有以治天下，何由哉？」論另外五家，則各有異詞，例如指儒家為「博而寡要，勞而少功」、法家「嚴而少恩」等等。參見《史記·太史公自序》，中華書局校點本，第十冊，第三二九〇至三二九二頁。

⑰《漢書》卷三十六《楚元王傳》所載之劉歆《讓太常博士書》寫道：「及魯恭王壞孔子宅，欲以為宮，而得古文於壞壁之中，《逸禮》有三十九，《書》十六篇。天漢之後，孔安國獻之，遭巫蠱倉促之難，未及施行。及《春秋》左氏丘明所修，皆古文舊書，多者二十餘通，藏於秘府，伏而未發。孝成皇帝閔學殘文缺，稍離其真，乃陳發秘臧，校理舊文，得此三事，以考學官所傳，經或簡脱，傳或間編。傳問民間，則有魯國桓公、趙國貫公、膠東庸生之遺學與此同，抑而未施。此乃有識者之所惜閔，士君子之所嗟痛也。往者綴學之士不思廢絕之闕，苟因陋就寡，分文析字，煩言碎詞，學者罷老且不能究其一藝。信口說而背傳記，是末師而非往古，至於國家將有大事，若立辟雍、封禪、巡狩之儀，則幽冥而莫知其原。猶保殘守缺，挾恐見破之私意，而無從善服義之

公心，或懷妒忌，不考情實，雷同相從，隨聲是非，抑此三學，以《尚書》為備，謂左氏為不傳《春秋》，豈不哀哉！夫禮失求之於野，古文不猶愈於野乎？往者博士《書》有歐陽，《春秋》公羊，《易》則施、孟，然孝宣皇帝猶複廣立谷梁《春秋》，梁丘《易》，大小夏侯《尚書》，義雖相反，猶並置之。何則？與其過而廢之也，寧過而立之。傳曰：『文武之道未墜於地，在人；賢者志其大者，不賢者志其小者。』今此數家之言，所以兼包大小之義，豈可偏絕哉！若必專己守殘，黨同門，妒道真，違明詔，失聖意，以陷於文吏之議，甚為二三君子不取也。」見中華書局校點本《漢書》第七冊第一九六九至一九七一頁。蕭統《文選》卷四十三「書下」亦有載，可一併參閱。又關於漢代的經今古文之爭，是中國學術史上的大公案，歷代辨析此公案之著述多到不知凡幾。除《漢書》卷三十六《楚元王傳》所載之劉歆《讓太常博士書》，讀者亦可參看晚清皮鹿門氏所著之《經學歷史》及錢穆《兩漢經學今古文平議》，並近人周予同的《經今古文學》和張舜徽《鄭學叢著》之「敘論」部分，即可明其大略矣。

⑱《後漢書》鄭玄本傳范燁「論曰」：「自秦焚六經，聖文埃滅。漢興，諸儒頗修藝文；及東京，學者亦各名家。而守文之徒，滯固所稟，異端紛紜，互相詭激，遂令經有數家，家有數說，章句多者或乃百餘萬言，學徒勞而少功，後生異而莫正。鄭玄括囊

大典，網羅眾家，刪裁繁誣，刊改漏失，自是學者略知所歸。」中華書局校點本，第五冊，第一二一二至一二一三頁。張舜徽《鄭學叢著》一書亦可參看，齊魯書社一九八四年版。

⑲《漢書・儒林傳》

⑳《漢書・藝文志》，中華書局校點本，第六冊，第一七二三頁。

㉑《漢志》顏師古注：「桓譚《新論》云，秦近君能說《堯典》，篇目兩字之說至十餘萬言，但說『曰若稽古』三萬言。」中華書局校點本，第六冊，第一七二四頁。

㉒王充：《論衡》卷二十八「正說篇」，中華書局一九五四年重印世界書局版《諸子集成》，第七冊，第二六九頁。

㉓《舊唐書》卷四十七「經籍志下」載目，見中華書局校點本，第六冊，第二〇三〇頁。又近人余嘉錫撰有《衛元嵩事跡考》，考訂衛氏生平、事跡、著述甚詳，多有發前人所未發者。其於文尾寫道：「要而論之，元嵩之學，深於陰陽數術，於道家為近，而涉獵儒書，取其辭采。至其學佛，則少年時有托而逃，非其素志，故推摭拾經典，如所謂口頭禪而已。既性所不喜，故不惜倡言排斥。王明廣謂『元嵩鋒辯天逸，抑是飾非』，其為人蓋多端善變權奇自喜者。漢武所言『泛駕之馬，跅馳之士』，庶幾近之。

雖所為不盡軌於正，抑不可謂非一代之奇人也。」參見《余嘉錫文史論集》第二四四頁，岳麓書社一九九七年版。

㉔㉕㉖陳寅恪：《馮友蘭中國哲學史下冊審查報告》，《金明館叢稿二編》第二五〇至二五一頁，上海古籍出版社一九八〇年版。

㉗關於朱熹畫八卦於沙上的故事，各家所記之時間、地點頗有出入，今人束景南之《朱熹年譜長編》於此辨析甚詳，而定在紹興五年乙卯（西元一一三五年），地點在福建南劍之尤溪，應屬可信。參見束著《朱熹年譜長編》卷上第三二至三三頁，華東師範大學出版社二〇〇一年版。

㉘《朱子語類》卷第九十四：「某自五六歲，便煩惱道：『天地四邊之外，是什麼物事？』見人說四方無邊，某思量也須有個盡處。如這壁相似，壁後也須有什麼物事。其時思量得幾乎成病。」參見中華書局「理學叢書」版《朱子語類》第六冊，第二三七七頁，一九八六年版。

㉙《答黃道夫》，《朱熹集》第五冊第二九四七頁，四川教育出版社一九九六年版。

㉚㉛均見《朱子語類》卷第一「理氣上」，中華書局「理學叢書」版《朱子語類》

第一冊，第一至三頁，一九八六年版。

㉜《宋史》朱熹本傳載：「熹幼穎悟……就傳，授以《孝經》，一閱，題其上曰：『不若是，非人也。』」中華書局校點本第三十六冊，第一二七五一頁。

㉝黃榦：《朝奉大夫文華閣待制贈寶謨閣直學士通議大夫謚文朱先生行狀》，參見束景南著《朱熹年譜長編》卷下第一四八九頁，華東師範大學出版社二〇〇一年版。本文之語體　述引自張君勱《新儒家思想史》第二〇五頁，台灣弘文館出版社一九八六年版。

㉞參閱束景南著《朱熹年譜長編》卷上第五三二頁，華東師範大學出版社二〇〇一年版。

㉟鵝湖之會，陸九齡、陸九淵兄弟各示一詩，復齋詩為：「孩提知愛長知欽，古聖相傳只此心。大抵有基方築室，未聞無址忽成岑。留情傳注翻榛塞，著意精微轉陸沈。珍重友朋勤切琢，須知至樂在於今。」象山詩為：「墟墓興哀宗廟欽，斯人千古不磨心。涓流積至滄溟水，拳石崇成泰華岑。易簡功夫終久大，支離事業竟浮沈。欲知自下升高處，真偽先須辨只今。」詩中「著意精微」、「支離事業」等句刺朱子之意甚明。朱熹亦有答詩：「德義風流素所欽，別離三載更關心。偶扶藜杖出寒谷，又枉籃輿度遠

岑。舊學商量加邃密，新知培養轉深沈。卻愁説到無言處，不信人間有古今。」朱詩係三年後所寫。均見《宋元學案》第三冊第一八七三頁，中華書局一九八六年版。

㊱參見《陸象山全集》卷三十六。

㊲《陸象山全集》卷三十四。

㊳王陽明：《象山文集序》，《王陽明全集》上冊第二四五頁，上海古籍出版社一九九二年版。

㊴《王陽明全集》第七六頁，上海古籍出版社一九九二年版。

㊵顧炎武：《日知錄》卷之七「夫子之言性與天道」，集釋本第三一〇頁，花山文藝出版社一九九〇年版。

㊶參見《清史稿》卷四百八十「儒林一」之《黃宗羲傳》，中華書局標點本，第四三冊，第一三一〇五頁。

㊷顏元：《朱子語類評》，《顏元集》上冊，第二六六至二六七頁，中華書局一九八七年版。

㊸毛奇齡：《辯聖學非道學文》，參見《西河文集》卷一百二十二。

㊹江藩：《國朝漢學師承記》，朱維錚執行主編《中國近代學術名著·漢學師承

記》（外二種）第六頁，三聯書店一九九八年版。

㊺戴震：《與某書》，《戴震集》第一八七頁，上海古籍出版社一九八〇年版。

㊻此處所引錢大昕語，參見方東樹《漢學商兑》卷中之下，載朱維錚執行主編之《中國近代學術名著·漢學師承記》（外二種）第三一五頁，三聯書店一九九八年版。

㊼參見朱維錚執行主編之《中國近代學術名著·漢學師承記》（外二種）第三五三頁，三聯書店一九九八年版。

㊽參見《中國近代學術名著·漢學師承記》（外二種）第二七七頁，三聯書店一九九八年版。

㊾參見《中國近代學術名著·漢學師承記》（外二種）第二八八頁，三聯書店一九九八年版。

㊿(51)方東樹：《漢學商兑》，《中國近代學術名著·漢學師承記》（外二種）第四一一、四一〇頁，三聯書店一九九八年版。

(52)錢大昕：《左氏傳古注輯存序》，《潛研堂集》第三八七頁，上海古籍出版社一九八九年版。

(53)錢大昕：《臧玉林經義雜識序》，《潛研堂集》第三九一頁，上海古籍出版社一九八九年版。

54 梁啟超：《清代學術概論》，《梁啟超論清學史二種》第四〇頁，復旦大學出版社一九八五年版。

55 梁啟超：《清代學術概論》，《梁啟超論清學史二種》第三九頁，復旦大學出版社一九八五年版。

56 黃宗羲：《留別海昌同學序》，《黃宗羲全集》第十冊，第六二七頁，浙江古籍出版社一九九三年版。

57 參見《張載集》第一〇頁，中華書局一九七八年版。

58 陳寅恪：《馮友蘭中國哲學史下冊審查報告》，《金明館叢稿二編》第二五一頁。

59 章太炎：《原學》，《章太炎全集》第一三三頁，上海人民出版社一九八四年版。

60 錢穆：《中國學術通義》第六頁，台北學生書局，一九七五年初版。

61 傅斯年：《中國學術思想的根本謬誤》，《傅斯年全集》第四冊，第一六七頁，台北聯經出版公司一九八〇年版。

(62)王國維：《論近年之學術界》，《王國維遺書》第五冊之《靜安文集》第九三頁。

(63)王國維：《宋代之金石學》，《王國維遺書》第五冊《靜安文集續編》第七〇頁。

(64)陳寅恪：《鄧廣銘宋史職官志考證序》，《金明館叢稿二編》第二四五頁，上海古籍出版社一九八〇年版。

(65)陳寅恪：《贈蔣秉南序》，《寒柳堂集》第一六二頁，上海古籍出版社一九八〇年版。

(66)(67)阮元：《莊方耕宗伯經說序》，見於《味經齋遺書》卷首，《揅經室集》不載。

(68)莊存與：《春秋正辭·春秋要旨》。

(69)劉逢祿：《公羊春秋解詁箋》

(70)何休《公羊春秋解詁序》：「傳《春秋》者非一，本據亂而作，其中多非常異義可怪之論，說者疑惑，至有倍經、任意、反傳違戾者。」參見《十三經註疏》（標點本）第八冊《春秋公羊傳註疏》第三至四頁，北京大學出版社一九九九年版。

⑦① 龔自珍：《乙丙之際著議第七》，《龔自珍全集》第六頁，上海人民出版社一九七五年版。

⑦② 龔自珍：《與江子屏箋》，《龔自珍全集》第三四六至三四七頁，上海人民出版社一九七五年版。

⑦③《雜詩己卯自春徂夏在京師作得十有四首》之六，《龔自珍全集》第四四一頁，上海人民出版社一九七五年版。

⑦④《己亥雜詩》第五十九首，《龔自珍全集》第五一四頁，上海人民出版社一九七五年版。

⑦⑤ 魏源：《定庵文錄敘》，《魏源集》上冊第二三九頁，中華書局一九七六年版。

⑦⑥⑦⑦《己亥雜詩》第一二五及第一二八首，《龔自珍全集》第五二一、五二一頁，上海人民出版社一九七五年版。

⑦⑧ 魏源：《籌鹺篇》，《魏源集》下冊第四三二頁，中華書局一九七六年版。

⑦⑨ 魏源：《默觚下．治篇五》，《魏源集》上冊第四九頁，中華書局一九七六年版。

⑧⓪ 魏源：《兩漢經師今古文家法考敘》，《魏源集》上冊，第一五一至一五二頁，

中華書局一九七六年版。

(81)(82)魏源：《書古微例言中》，《魏源集》上冊，第一一六至一一七頁，中華書局一九七六年版。其論解説《四子書》而流於俗學云：「宋儒表章《四子書》教士，望其學聖有途轍，不歧於異端俗學，豈知功令既頒之後，至明而『蒙引』、『存疑』、『淺説』、『達説』、『説約』之講章，鄉會之程墨，鄉社之房稿，定待閑在之選本，皆至於汗牛充棟而不可極，其敝於利祿，亦何異漢士説堯典『稽古』者乎？故以馬融之貪肆而公詆歐陽生為俗儒，猶今之淹博詞章者詆業科舉之士為俗儒也。」參見《魏源集》上冊第一一七頁。

(83)魏源：《海國圖志原敘》，《海國圖志》上第一頁，岳麓書社一九九八年版。

(84)(85)梁啟超：《清代學術概論》，《梁啟超論清學史二種》第六三頁。

(86)梁啟超：《清代學術概論》，劉夢溪主編《中國現代學術經典．梁啟超卷》（夏曉虹編校）第一八八至一八九頁，河北教育出版社一九九六年版。

(87)廖平的《辟劉篇》和《知聖篇》正編，均成於光緒十四年（一八八八年），前者已提出劉歆作偽古經及古學與王莽篡漢有密切關係等問題，包括《史記》有劉歆的篡筆的「非常異義可怪」觀點，康有為《新學經考》實有取於此；後者提出孔子為素王、六經係孔子受命改制之作等等，康之《孔子改制考》受了直接影響。雖然廖的《辟》、《知》一出版於一八九八年，一出版於一九〇二年，而康之《偽經考》問世於一八九一年、《改制考》問世於一八九七年，即康著出版在前，但因光緒十五年（一八八九年）廖平曾赴廣州廣雅書局，以兩文之抄本呈康有為寓目，故廖影響康應是不爭之事實。只是廖屢屢提及，康則緘默不語。梁啟超在《清代學術概論》中實揭開了此一學術公案的謎底。

(88)蒙文通在《井研廖季平師與近代今文學》一文中寫道：「廖師之今文學固出自王湘綺之門，然實接近二陳一派之今文學，實綜合群言而建其樞極也。他若魏源、龔自珍之流，亦以今文之學自詡，然《詩、書古微》之作，固不必求之師說，究其家法，漢宋雜陳，又出以新奇臆說，徒以攻鄭為事，究不知鄭氏之學已今古並取，異鄭不必即為今文。世復有以阿鄭為事者，亦得古文家之名，魚目混珠，彼此惟均。故龔、魏之學別為一派，別為今文學，去道已遠。激其流者，皆依傍自附者之所為，固無齒於今古文之事。故有見一隅而不窺全體之今文學，有知其大概而不得其重心之今文學，此皆未成熟之今文學。而又別有魏、龔一派漫無根荄之今文學。是漢代之今文學惟一，今世之今文學有二。至廖師而後今文之說乃大明，道已漸推而漸備。故廖師恒言，踵事增華，後來居上，然不有莊、張、劉、宋、二陳之啟闢途徑於前，雖廖師亦未易及此。」參見《蒙文通文集》第三卷《經史抉原》第一〇五頁，巴蜀出版社一九九五年版。

⑧⑨參見《嚴復集》第五冊，第一三二三頁，中華書局一九八六年版。

⑨⓪陳三立《讀侯官嚴復氏所譯英儒穆勒約翰群己權界論偶題》詩寫道：「自有天地初，莽莽靈頑界。既久挺人群，萬治孕變怪。聖哲亦何為，扶生掖凋瘵。其義彌亭毒，日震聾與聵。吾國奮三古，綱紀匪狡獪。侵尋狃糟粕，滋覺世議隘。天閼縛制之，視息偷以憊。卓彼穆勒說，傾海挈眾派。砭懦而發蒙，為我斧天械。又無過物憂，繩矩極顯戒。萌芽新道德，取足持善敗。復也雄于文，百幽竭一噣。揚為皎日光，吐此大塊噫。玄思控孤詣，餘痛托紹介。挑燈幾摩挲，起死償夙快。」對嚴復推誦倍至。參見《散原精舍詩》卷上六一一頁。

⑨①嚴復：《原強》，《嚴復集》第一冊，第一一頁，中華書局一九八六年版。

⑨②⑨③王國維：《宋代之金石學》，《王國維遺書》第五冊之《靜安文集續編》第七四頁。

⑨④王國維：《沈乙庵先生七十壽序》，《王國維遺書》第四冊之《觀堂集林》卷二十三，第二五至二六頁。

(95)(96)(97)(98)同見《沈乙庵先生七十壽序》一文，參見《王國維遺書》第四冊之《觀堂集林》卷二十三。

(99)梁啟超：《中國近三百年學術史》，《飲冰室合集》第十冊「專集」之七十五第二〇一頁。

(100)(101)均見梁啟超《中國近三百年學術史》，《飲冰室合集》第一〇冊「專集」之七十五第二三〇頁。

(102)(103)(104)(105)同見《沈乙庵先生七十壽序》一文，參見《王國維遺書》第四冊之《觀堂集林》卷二十三。又關於對沈曾植的生平與學術的評價，可參看錢仲聯先生的《論沈曾植》一文，載錢著《夢苕盦論集》第四三七至四四七頁，中華書局一九九三年版；以及錢氏《沈曾植集校注》前言，中華書局二〇〇一年版。

(106)參見王蘧常《嘉興沈寐叟先生年譜初編》，載一九二九年出版之《東方雜誌》第一五至一六期。

(107)王國維：《沈乙庵先生七十壽序》，參見《王國維遺書》第四冊之《觀堂集林》卷二十三。

(108)王懿榮字正儒，又字廉生，山東福山人，生於道光二十五年（一八四五年）六

達仁堂藥店的『敗龜板』通同買了回來，並且問明藥店，這種『敗龜板』是哪裏出品。結果，買了一大包回來，據說從河南湯陰縣地下掘出來的。王老先生從此仔細考究一下，上面的字有甲子、乙丑等六十甲子，也有且乙、父丁等名字，跟鍾鼎彝器上的銘文很相似，於是斷定這必是殷周時代的東西。當時他的朋友劉鶚正住在他家，也知道了，許多玩古董的朋友們一傳十、十傳百，大家都花錢去搜集，北京藥店的『敗龜板』都找遍了。於是社會上才知道有甲骨文字這回事。」（參見董著《甲骨學六十年》，劉夢溪主編《中國現代學術經典‧董作賓卷》［裘錫圭、胡振宇編校］第二八〇頁，河北教育出版社一九九六年版）。董之敘述係根據汐翁的《龜甲文》（載一九三一年出版之《華北畫刊》第八九期）一文，所記王懿榮生病吃藥發現甲骨文字的細節，不一定完全可靠，但王最先發現甲骨文字的歷史事實應該可信。但事有湊巧，天津人孟廣慧（字定生）、王襄（字綸閣）也與王懿榮差不多時間從商人手裏得到了刻有甲骨文字的「龍骨」，以此後來有研究者認為孟、王（襄）應是最早發現甲骨文字的人。對此甲骨名學者胡厚宣先生撰有《再論甲骨文發現問題》，徵引各種資料，詳辨此案，得出結論：「在甲骨學發展近百年的今天，我們仍可說：殷虛甲骨文是在八九九年，也就是清光緒二十五年己亥，由山東福山人，名叫王懿榮的，首先認識並加以搜購的。與王懿榮同時辨別搜購甲骨的還有天津的孟定生和王襄。」胡先生文載《中國文化》一九九七年出版之第十五、十六期合刊，文章係其哲嗣胡振宇先生整理提供。所述王懿榮經歷事跡則據王之第四子崇煥所輯之《王文敏公年譜》，載一九四三年七月出版之《中和月刊》四卷七期。

(109)羅振玉字叔蘊，號雪堂，晚號貞松老人，一八六六年（同治五年）生於江蘇淮安，原籍浙江上虞。羅研究甲骨文字實甚早，一九〇一年（甲骨文發現後第二年）在劉鶚家裏開始接觸，劉一九〇三年出版《鐵雲藏龜》，他參加了編輯工作，並為之序。所以一九一五年羅在所撰之《鐵雲藏龜之餘序》中有下面的話：「予之知有貞卜文字也，實因亡友劉君鐵雲，鐵雲所藏予既為編輯為《鐵雲藏龜》，逾十年予始考訂其文字。」羅一九〇六年任學部參事，有了更多的搜集研究甲骨及其他古器物的機會，且於一九〇九至一九一〇年兩次派人前往河南調查搜集。日本的林泰輔一九〇九年寄《清國河南湯陰縣發現之龜甲獸骨》一文給羅，成為他撰寫《殷商貞卜文字考》的契機。羅《貞卜文字考》的貢獻，在於糾正了林泰輔氏關於甲骨出土於湯陰的說法，而根據《史記·項羽本紀》等文獻所載之殷虛即商代晚期之都城，確定出土地點為安陽小屯附近；同時發現殷代的帝王名諡很多見於甲骨卜辭。陳夢家在《殷虛卜辭綜述》中說：「考訂小屯為殷虛與審釋帝王名號二事，確乎是羅氏考釋文字以外的貢獻；沒有此二事為前提，對於文字考釋也難求其貫通的。」羅的《殷虛書契考釋》印行於一九一五年，係在《貞卜文字考》基礎上增補改寫而成，解說的字多至四八五個。另有一〇〇三個暫不認識的字成《待問編》一卷，一九一六年印行。一九二七年羅再次增訂《考釋》，可識之字增至五七〇個。因後來有人提出《考釋》雖署羅名，實乃王國維所作（傅斯年講得最直截了當、溥儀亦附和該說），遂使《考釋》的著作權問題成為甲骨學史之一公案。但董作賓、陳夢家、胡厚宣、張舜徽諸大家均為羅辯護，陳夢家且研究了《考釋》的手稿及《貞卜文字考》到《考釋》的具體演變過程，尤具說服力。更有力的證據是王國維為《考釋》所作的序言，一再稱揚《考釋》：「自三代以來言古文者，未嘗有是書也。」又說《考釋》是「三百年來小學之一結束」。如果《考釋》不是羅所作而是王自己所作，靜安怕不會做如是之自頌之辭罷。一九九六年百花洲文藝出版社出版的《羅振玉評傳》，作者羅琨和張永山對此樁公案辨析頗詳，讀者亦可參閱（見該書第一二八至一三七頁）。

(110)王國維攜眷屬於一九一一年十一月（農曆辛亥十月）中旬跟隨羅振玉赴日本，住在京都西郊的鄉間，地名叫田中村。他們是為避辛亥革命之「亂」而東渡的。至一九一五年春天，王全家回國掃墓，五月攜長子潛明再赴日，住羅家。八個月後回到上海，任職於哈同辦的「倉聖明智大學」。王初到日本時，生活頗艱窘，但羅帶到日本的大量藏書，讓靜安先生找到了歸宿。他的治學方向在羅的影響下亦有了改變，轉為研究古文字、古器物和古代社會的制度和歷史。《殷卜辭中所見先公先王考》和《續考》，就是他轉變學術方向後的最主要的成果之一。《先王考》寫成於一九一七年二月底（農曆二月初七），並有一序：「甲寅歲暮，上虞羅叔言參事撰《殷虛書契考釋》，始於卜辭中發見王亥之名。嗣余讀《山海經》、《竹書紀年》，乃知王亥為殷之先公，並與《世本作篇》之胲、《帝系篇》之核、《楚詞．天問》之該、《呂氏春秋》之王冰、《史記．殷本紀》及《三代世表》之振、《漢書．古今人物表》之垓，實係一人。」王的這一發現是極為重要的。單是推定《史記．殷本紀》中的振即是王亥，這是何等匪夷所思的創獲。另外又從卜辭中發現王恒其人，並考證出此恒即是王亥之弟，更屬學術奇蹟。王國維在《先王考》的序言中繼續寫道：「又觀卜辭，王恒之祀與王亥同，太丁之祀與太乙、太甲同，孝己之祀與祖庚同，知商人兄弟，無論長幼與已立未立，其名號、典禮蓋無差別。於是卜辭中人物，其名與禮皆類先王，而史無其人者，與夫父甲、兄乙等名稱之浩繁求諸帝系而不可通者，至是理順冰釋。」又說：「使世人知殷虛遺物之有裨於經史二學者有如斯也。」尚在日本羅振玉收到《先王考》的稿樣後，非常興奮，寫信給王國維說：「昨日下午郵局送到大稿，燈下讀一過，忻快無似。弟自去冬病胃，悶損已數月，披覽來編，積屙若失。憶自卜辭初出洹陰，弟一見以為奇寶，而考釋之事，未敢自任。研究十年，始稍稍能貫通。往者寫定《考釋》，尚未能自慊，固知繼我有作者必在先生，不謂捷悟遂至此也。」王之弟子趙萬里說：「卜辭之學，至此文出，幾如漆室忽見明燈，始有脈絡或途徑可尋，四海景叢，無有違言。三千年來迄今未見之奇跡，一旦於卜辭得之，不僅為先生一生學問最大之成功，亦近世學術史上東西學者公認之一盛世也。」王之《先王考》所據之卜辭資料限於《鐵雲藏龜》及《殷虛書契》前後編等書所收集者，不久羅振玉從日本帶來千餘張新拓書契文字，哈同的《戩壽堂所藏殷虛文字拓本》亦有八百張。於是王國維又根據這些新資料，於一九一七年四月又寫成《殷虛卜辭中所見先公先王續考》。

⑪王國維在〈最近二三十年中中國新發見之學問〉中寫道：「中國學問上之最大發現有三：一為孔子壁中書；二為汲冢書；三則今之殷虛甲骨文字、敦煌塞上及西域各處之漢晉木簡、敦煌千佛洞之六朝及唐人寫本書卷、內閣大庫之元明以來書籍檔冊，此四者之一已足當孔壁、汲冢所出，而各地零星發見之金石書籍於學術有大關係者，尚不與

焉。」《王國維遺書》第五冊之《靜安文集續編》第六五頁。

⑫王國維：《最近二三十年中中國新發見之學問》，《王國維遺書》第五冊之《靜安文集續編》第六五頁。

⑬疑古作為一種學術思想，很早就產生了。《論語．八佾篇》：「夏禮吾能言之，杞不足征也；殷禮吾能言之，宋不足征也。文獻不足故也，足則吾能征之矣。」已有疑古之意。《孟子．正論》：「盡信書不如無書。吾于武成，取二三策而已。」說得更加明白。《荀子．正論》：「夫曰堯舜禪讓，是虛言也，是淺者之傳、陋者之說也。」所疑更大了。《論衡．案書篇》：「太史公兩紀，世人疑惑，不知所從。案張儀與蘇秦同時，蘇秦之死，儀固知之。儀知秦審，宜從儀言以定其實。而說不明，兩傳其文。東海張商亦作列傳，豈蘇秦商之所為耶？何文相違甚也？三代《世表》言五帝、三王皆黃帝子孫，自黃帝轉相生，不更秉氣於天。作《殷本紀》，言契母簡狄浴於川，遇玄鳥墜卵，吞之，遂生契焉。及《周本紀》言後稷之母姜嫄野出，見大人跡，履之則妊身，生後稷焉。夫觀《世表》，則契與後稷，黃帝之子孫也。讀殷、周《本紀》，則玄鳥、大人之精氣也。二者不可兩傳，而太史公兼紀不別。案帝王之妃，不宜野出、浴於川冰；今言浴於川、吞玄鳥之卵，出於野，履大人之跡，違尊貴之節、誤是非之言也。」是又

辨而疑之矣。而劉知己《史通》特闢《疑古》篇，寫道：「夫五經立言，千載猶仰，而求其前後，理甚相乖。何者？稱周之盛也，則云三分有二，商紂為獨夫；語殷之敗也，又云紂有臣億萬人，其亡血流漂杵。斯則是非無准，向背不同者焉。」審其語意且辦而責之矣。不過上述種種，還只是局限於對個別史實記述的懷疑與辨證，並未造成普遍的風氣，也沒有形成系統的理論。晚清的疑古思潮不同，它是在一種反傳統的背景下並且有科學主義的參照衍生出來的學術思想。追尋清學之內在理路，則清末民初之疑古思潮，大名崔東壁實啟其端，莊（存與）、劉（逢祿）、龔（自珍）、魏（源）等代表的今文學繼其勢，康有為集其成，胡適、錢玄同、顧頡剛等推向巔峰。

(114)(115)(116)王國維：《古史新證》第一章「總論」，見清華文叢之五《古史新證——王國維最後的講義》第二至三頁，清華大學出版社一九九四年版。

(117)中央研究院史語所於一九二八年十月至一九三七年六月，對殷虛遺址前後做了十五次發掘，共得有字甲骨兩萬四千九百一十八片，另有為數不少的各種重要遺物。第一次在一九二八年十月十三日至十月三十日，主持者為董作賓；第二次為一九二九年三月七日至五月十日，李濟主持，董作賓、裴文中等參加；第三次一九二九年十月七日至二十一日及十一月十五日至十二月十二日，李濟主持，董作賓等參加；第四次一九三一年三月二十一日至五月十一日，李濟主持，董作賓、梁思永、石璋如等參加；第五次一九三一年十一月七日至十二月十九日，董作賓主持，梁思永等參加；第六次一九三二年四月一日至五月三十一日，李濟主持，董作賓等參加；第七次一九三二年十月十九日至十二月十五日，李濟主持，董作賓等參加；第八次一九三三年十月二十日至十二月二十五日，郭寶鈞主持；第九次一九三四年三月九日至五月三十一日，董作賓主持；第十次一九三四年十月三日至十二月三十日，梁思永主持，石璋如、胡厚宣等參加；第十一次一九三五年三月十五日至六月十五日，梁思永主持；第十二次一九三五年九月五日至十二月十六日，梁思永主持；第十三次一九三六年三月十八日至六月二十四日，郭寶鈞主持；第十四次一九三六年九月二十日至十二月三十一日，梁思永主持；第十五次一九三七年三月十六日至六月十九日，石璋如主持。對這十五次發掘，陳夢家指出了一些不足，例如不夠注意全面的文化面貌、發掘與研究未做良好的分工等，但他肯定；「此十五次發掘歷時十載，雖初時因事屬創舉，全憑摸索試探，而後五次的規模與成就，實在為中國考古學奠定了基礎。」（《殷虛卜辭綜述》第三七頁）

⑱⑲董作賓：《甲骨學六十年》，劉夢溪主編《中國現代學術經典·董作賓卷》（裘錫圭、胡振宇編校）第一八四、一八五、一八九至一九〇頁，河北教育出版社

一九九六年版。

(121)(122)(123)郭沫若：《中國古代社會研究》自序，《郭沫若全集·歷史編》第一冊第八頁，及《卜辭中的古代社會》，復見該書第一九四頁、一九三頁，人民出版社版一九八二年版。

(124)陳寅恪：《王靜安先生遺書序》，《金明館叢稿二編》第二一九頁，上海古籍出版社一九八〇年版。

(125)朱希祖：《本師章太炎先生口授少年事跡筆記》，載《制言》第二五期「太炎先生紀念專號」。可參閱湯志鈞編《章太炎年譜長編》上冊第五至六頁，中華書局一九七九年版。

(126)章氏《膏蘭室劄記》共四卷，生前未刊。一九八二年上海人民出版社出版的《章太炎全集》第一冊所收，為《劄記》的前三卷（第四卷散佚），係沈延國校點，共得劄記四七四條。參見該書第三四至三〇一頁。

(127)章太炎一八九七年四月二十日《致譚獻書》敘在《時務報》館與康門弟子齟齬情形甚詳，其中寫道：「麟自與梁、麥諸子相遇，論及學派，輒如冰炭。仲華亦假館滬上，每有論議，常與康學抵牾，惜其才氣太弱，學識未富，失據敗績，時亦有之。卓如門人梁作霖者，至斥以陋儒，詆以狗曲（面斥之云狗狗）。麟雖未遭謑詬，亦不遠於轅固之遇黃生。康黨諸大賢，以長素為教皇，又目為南海聖人，謂不及十年，當有符命，其人目光炯炯如岩下電，此病狂語，不值一笑。而好之者乃如蛣蜣轉丸，則不得不大聲疾呼，直攻其妄。嘗謂鄧析、少正卯、盧杞、呂惠卿輩，咄此康瓠，皆未能為之奴隸。若鍾伯敬、李卓吾，狂悖恣肆，造言不經，乃真似之。私議及此，屬垣漏言，康黨銜次骨矣。會譚複笙來自江南，以卓如文比賈生，以麟文比相如，未稱麥君，麥忮忌甚。三月十三日，康黨麕至，攘臂大哄，梁作霖復欲毆仲華，昌言於眾曰：昔在粵中，有某孝廉詆諆康氏，於廣坐毆之，今復毆彼二人者，足以自信其學矣。噫嘻！長素有是數子，其果如仲尼得由，惡言不入於耳耶？遂與仲華先後歸杭州，避蠱毒也。」參見湯志鈞編《章太炎政論選集》上冊第十四至十五頁，中華書局一九七七年版。亦可參閱錢基博《現代中國文學史》第七二頁，岳麓書社一九八六年版。

(128) 「六經皆史」的思想雖並非章學誠所首創，但把這一思想系統化並在中國學術史的大背景和清代學術的具體背景下賦予全新的內涵，則是章的學術創獲。章的代表性著作《文史通義》的第一篇第一句話，就是「六經皆史也」（《內篇·易教上》）。他闡述的理由，是「六經」都是先王的政典，即禮儀典章制度之書；既是典章制度之書，則史的價值遂得以凸顯。傳統儒家亦並非不承認「六經」裏面多有周之政典，主要強調「六經」的價值在所載之道。對此章學誠反駁說，「六經」其實是「器」，你不能離開「器」去講那個「道」。他說：「《易》曰：『形而上者謂之道，形而下者謂之器。』道不離器，猶影不離形。後世服夫子之教者自『六經』，以謂『六經』載道之書也，而不知『六經』皆器也。」又說：「三代以前，《詩》、《書》『六藝』未嘗不以教人，不如後世尊奉『六經』，別為儒學一門，而專稱為載道之書者。」（《文史通義·原道中》）那麼後人可以從「六經」中學習什麼呢？章氏認為，所學的內容不外官司典守、國家政教；而其致用的方面，也不過是人倫日用之常。所以你從「六經」中看到的，是那些不得不然的事情，並沒有除此之外還看到另外的什麼「道」。因為先聖先王的「道」看不見，所以孔子才述「六經」以訓後世，叫你憑藉「六經」這個「器」，來思考嚮往那看不見的「道」。蓋章氏直視「六經」為「器」，不管主觀意圖為何，都有降低「六經」權威地位的作用。而又不止於此，章氏還認為，即使本諸「道器合一」的觀點，也不能說只有即「六經」這個「器」，方可以「明道」；而是「大而經緯世宙，細而日用倫常」，只要去「求其所以然」，學者便可以「明道」。就是說，天下之道，並非由「六經」所專有（《文史通義·原道上》）。此又將「六經」之「明道」的作用，分而弱之矣。因此他順理成章地提出，先秦之諸子各説各的「道」，在同為「言道」這點上，他們不存在高下之分。章氏寫道：「而諸子紛紛，則已言道矣。莊生比之為耳目口鼻，司馬談別之為六家，劉向區之為九流。皆自以為至極，而思以其道易天下者也。由君子觀之，皆仁智之見而謂之，而非道之果若是易也。夫道因器而顯，不因人而名也。自人有謂道者，而道始因人而異其名矣。仁見謂仁、智見謂智是也。人自率道而行，道非人之所能據而有也。自人各滑其道，而各行其所謂，而道始得為人所有矣。墨者之道、許子之道，其類皆是也。夫道自形於三人居室，而大備於周公、孔子，歷聖未嘗別以道名者，蓋猶一門之內，不自標其姓氏也。至百家雜出而言道，而儒者不得不自尊其所出矣，一則曰堯舜之道，再則曰周公、仲尼之道。」（《文史通義・原道中》）這裏章氏提出他的另一觀點，即諸子言道在先，儒者反而言道在後。意謂同為言道，儒家亦未佔先著。然而又不僅此。章氏還提出，「六經」之名實起於孔門的弟子們，孔子本人並不自封為經（「夫子之時，猶不名經」）；待到孔子故去之後，「微言絕而大義將乖，於是弟子門人，各以所見、所聞、所傳聞者，或取簡畢，或授口耳，錄其文而起義。」（《文史通義・經解上》）但「起義」的結果，也不叫「經」，而是叫「傳」。例如左氏《春秋》、子夏《喪服》等篇，就都叫「傳」。即前代的逸文，不出於六藝者，也都是叫「傳」。所以章學誠說：「則因『傳』而有『經』之名，猶之因數而立父之號矣。」（《經解上》）則此處又明言「傳」跟「經」的關係如同兒子與父親的關係，只不過「傳」這個兒子有點特別，他生得比父親還要早些，有了兒子之後才有「經」這個父親。聽起來未免讓人糊塗了。試問，章實齋（章學誠字實齋）這樣疏解經、傳的關係，是抑經還是尊經？筆者認為，他是抑之而又抑之矣。然而還不僅此。章氏顯然對儒家連「經」和「傳」都不區分清楚感到不滿，所以他筆鋒一轉，表彰起諸子來了。他說：「當時諸子著書，往往自分經傳，如撰輯《管子》者之分別經言，《墨子》亦有《經》篇，韓非則有《儲說》經傳，蓋亦因時立義，自以其說相經緯耳，非有所擬而僭其名也。」（《經解上》）那麼假如筆者說章實齋這裏是在想方設法地揚諸子而抑儒家，恐怕不算誤解章氏的文義罷。

⑫⑨江瑔：《讀子卮言》第一四頁。

⑬⓪俞樾：《諸子平議序》，徐世昌撰《清儒學案》第四冊，第三八五頁，中國書店一九九〇年影印版。

⑬①羅焌：《諸子學述》第五一頁，岳麓書社一九九五年版。

⑬②太炎先生於一八九〇年開始入於樸學大師俞樾主持的「詁經經舍」研習，時

年二十三歲，父親章睿剛剛棄世。俞樾字蔭甫，號曲園，浙江德清人。生於道光元年（一八二一年）、卒於光緒三十二年（一九〇六年），道光三十年庚戌（一八五〇年）進士及第，授翰林院編修。曾任河南學政，因科場弊案被參去職，遂肆力於學。所著《群經平議》、《諸子平議》、《古書疑義舉例》諸書，為士林所重。然亦有稱曲園為章句之儒而非通儒者。太炎《謝本師》云：「稍長，事德清俞先生，言稽古之學，未嘗問文辭詩賦，先生為人豈弟，不好聲色，而余喜獨行赴淵之士。出入八年，相得也。」又《自述治學》：「二十歲，在餘杭，談論每過儕輩。忖路徑近曲園先生，乃入詁經經舍，陳説者再，先生率未許。後先生問：『《禮記・明堂位》有虞氏官五十、夏侯氏官百、殷二百、周三百，鄭注周三百六十官，此云三百者，記時《冬官》亡也。《冬官》亡於漢初，周末尚存，何鄭注謂《冬官》亡乎？』余謂：『《王制》三卿五大夫，據孔疏，諸侯不立塚宰、宗伯、司寇之官，有小司徒、小司寇、小司空、小司馬、小卿而無小宗伯，故大夫之數為五而非六，依《周禮》，當減三百之數，與《冬官》在否無涉也。』先生稱善。又問：『《孝經》有先王有至德要道，先王誰耶？鄭注謂先王為禹，何以孝道始禹耶？』余謂：『《經》云先王有至德要道以順天下者，明政治上之孝道異尋常人也。夏後世襲，方有政治上之孝道，故孝道始禹。且《孝經》之制，本於夏後；

五刑之數三千，語符《呂型》。三千之刑，周承夏舊，知先王確為禹也。』先生亦以為然。余於同儕，知人所不知，頗自矜。」

(133)(134)章太炎：《諸子學略說》（一九〇六年），湯志鈞編《章太炎政論選集》上冊第二八五至二八六頁，中華書局一九七七年版。

(135)章太炎：《致國粹學報社書》，湯志鈞編《章太炎政論選集》上冊，第四九八頁，中華書局一九七七年版。

(136)胡適：《中國哲學史大綱》上冊，第九頁，商務印書館一九八七年版。

(137)參見《章太炎先生自定年譜》，上海書店一九八六年版。

(138)章太炎一八九七年四月二十日《致譚獻書》：「《新學偽經考》，前已有駁議數十條，近杜門謝客，將次第續成之。」參見湯志鈞編《章太炎政論選集》上冊第二八五至二八六頁，中華書局一九七七年版。

(139)《春秋左傳讀》一書太炎生前未正式刊行，蓋作者認為不成熟故也。一九〇七年章氏所作之《再與人論國學書》云：「左氏故言，近欲次錄，昔時為此亦幾得五六歲。乃今仍有不愜意者，要當精心汰淅，始可以質君子。」此即指《左傳讀》而言。參見《太炎文錄初編·別錄卷二》，《章太炎全集》第四冊第三五六頁，上海人民出版社一九八五年版。現上海人民版《章太炎全集》第二冊所收之《春秋左傳讀》，係根據北京圖書館所藏錢玄同簽署本及上海圖書館所藏手稿整理而成，是為首次造版印行。

(140) 章太炎：《今古文辨義》，湯志鈞編《章太炎政論選集》上冊，第一一四至一一五頁，中華書局一九七七年版。

(141) 章太炎《國故論衡》中的《理惑論》一文，是專門論述金文和甲骨文字的，其中寫道：「又近有掊得龜甲者，文如鳥蟲，又與彝器小異。其人蓋欺世豫賈之徒，國土可鬻，何有文字？而一二賢儒信以為質，斯亦通人之蔽。按《周禮》有釁龜之典，未聞銘勒。其餘見於《龜策列傳》者，乃有白雉之灌，酒脯之禮，粱卵之祓，黃絹之裹，而刻畫、書契無傳焉。假令灼龜以卜，理兆錯迎，璺裂自見，則誤以為文字，然非所論於二千年之舊藏也。夫骸骨入土，未有千年不壞；積歲少久，故當化為灰塵。龜甲蜃珧，其質同耳。古者隨侯之珠，照乘之寶，珕珌之削，余蚳之貝，今無有見世者矣。足明堊質白盛，其化非遠，龜甲何靈而能長久若是哉！鼎彝銅器，傳者非一，猶疑其偽，況於速朽之質、易霾之器，作偽有須臾之便，得者非貞信之人，而群相信以為法物，不其慎歟？」太炎精通小學，主張研究古文字應以《說文》為依據，然而金文及甲骨學者竟以鐘鼎甲骨訂正《說文》，他感到無論如何不可理解。所謂「者非貞信之人」，顯係指羅振玉；而「十二賢儒」，則是指他素所尊敬的孫詒讓。以上參見劉夢溪主編《中國現代學術經典．章太炎卷》（陳平原編校）第四〇頁。另有《甲骨文辨證》的編纂者金祖同氏，在《辨證》上集的跋語中講述了與太炎先生交往、討論甲骨的有趣經過。第一次前去拜謁的情形，他作了如下的記述：「先生貌蹇古，而健談驚四座。同行者五人，各叩所學而就其淵源導發之。抉其利弊，啟以先河，莫不歎服。及予，予以方治殷人禮制，乃告以甲骨文。先生蹙然者久之，曰：烏乎可？研幾文字之學，《說文》其總龜也。由此深入，可見蒼聖製作之源。今舍此外求，而信真偽莫辨之物，是不揣其本而齊其末，得無誣乎？」金嗣後多次寫信向太炎先生討教，並盡可能引證甲骨文中可以闡證經史的例子，太炎終不以為然，只覆了四封信，再不理睬。太炎的第一次覆信說：「文字源流，除《說文》外，不可妄求。甲骨文真偽且勿論，但問其文字之不可識者，誰實識之？非羅振玉乎？其字既與《說文》碑版經史字書無征，羅振玉何以能獨識之乎？」另一信提到中研院的發掘，他認為其所獲是「洹上之人因殷虛之說而偽造」。還有一信講到劉鐵雲的收藏，太炎說：「以愚度之，殆北宋祥符天書之類耳。」關於金祖同與太炎先生的交往通信和章對甲骨文的態度以及相關背景，董作賓《甲骨學六十年》介紹甚詳，可參閱《中國現代學術經典．董作賓卷》第一九四至一九八頁，河北教育出版社一九九六年版。

(142)《章太炎先生自述學術次第》敘緣起曰：「余生亡清之末，少基異族，未嘗應舉，故得泛覽典文，左右采獲。中年以後，著纂漸成，雖兼綜故籍，得諸精思者多，精要之言，不過四十萬字，而皆持之有故，言之成理，不好與儒先立異，亦不欲為苟同。若《齊物論釋》、《文始》諸書，可謂一字千金矣。」參見《中國現代學術經典．章太炎卷》第六四二頁。

(143)筆者所引《齊物論》原文，係采自《中國佛教思想資料選編》第三卷第四冊，中華書局一九九〇年版，第二〇二至二六三頁，石峻、樓宇烈、方立天等編。

(144)筆者這裏須作一鄭重說明：學術界最早提出章太炎有文化多元論思想的是汪榮祖先生。一九八六年，他撰有《章太炎的文化觀》一文，其中寫道：「太炎的文化觀實基於『多元文化論』（cultural pluralism）。事實上，他是在強調每一種文化都具有特殊性格，不必也不應與別種文化同化。在文化交流中，各文化既然都有特性，自應站在平等的地位。此在章氏〈齊物論〉一書中有充分的說明。」可參見汪著《章太炎研究》一七五至一八一頁，台北李敖出版社一九九一年版。又汪著《康章合論》（台北聯經出版公司一九八八年初版）之「結論」及「後記」，於章氏的文化多元論思想亦曾比較為說，寫道：「近人常將談中西文化者分為三類：西化派、傳統派，以及折衷派，似未注意到康章各自提出的兩個不同的文化觀點，指出兩條不同的思想趨向。康氏震驚於近代西方物質文明的富盛，文化觀點深受科學的影響，以為人文的發展可像科學那樣有規則，具有客觀的真理，放諸四海而皆準。因此，文化像科學一樣沒有國界，可以自由仿效採用。西方國家因行君主立憲而富強，中國亦可仿行君主立憲而富強。但章氏的文化觀點紮根於歷史，各國家或各民族各有其獨特的歷史經驗，所以由歷史中所產生的文化各有其特性，不可能雷同。因此，文化不像科學那樣客觀與統一，不可能隨便抄襲。一種文化可以吸收另一種文化的長處，但必須適應本文化的特性。與本文化特性相左的外來文化因素，必難有效。如果要消滅一文化的特性，等於此一文化的滅亡。所以，我們可以說，康氏的文化觀是一元的，而章氏的文化觀是多元的。」見氏著《合論》第一三七至一三八頁。榮祖兄是我的好友，所賜兩書置案多年而未嘗拜誦，近日在較系統地研讀太炎著作之餘，方來細詳。讀後大快吾心，相信榮祖所論，實為對章氏研究的重要學術發現，故特補敘於此，以彰學理。

⑭⑤章太炎：《菿漢微言結語》，《中國現代學術經典・章太炎卷》第六四一頁。

⑭⑥⑭⑦梁啟超：《清代學術概論》，《中國現代學術經典・梁啟超卷》第二〇四、二

〇六頁。

(148) 周予同：《五十年來中國之新史學》，見朱維錚編《周予同經學史論著選集》第五一七頁，上海人民出版社一九八三年版。

(149) 林志鈞：《飲冰室合集序》，中華書局一九八九年版《飲冰室合集》第一冊，第三頁。

(150) 梁啟超揭櫫之傳統史學的「四蔽」是：知有朝廷而不知有國家；知有個人而不知有群體；知有陳跡而不知有今務；知有事實而不知有理想。「二病」是：能鋪　而不能別裁；能因襲而不能創作。「三端」是：難讀，難別擇，無感觸。參見《飲冰室文集》之九第三至六頁，載《飲冰室合集》第一冊。

(151) 梁啟超：《中國史敘論》，《飲冰室合集》第一冊，文集之六，第十一至十二頁。

(152) 顧頡剛在《古史辨》第一冊的自序裏寫道：「第二年，改請胡適之先生來教。『他是一個美國新回來的留學生，如何能到北京大學裏來講中國的東西？』許多同學都這樣懷疑，我也未能免俗。他來了，他不管以前的課業，重編講義，開頭一章是『中國哲學結胎的時代』，用《詩經》作時代的說明，丟開唐禹夏商，竟從周宣王以後講起。

這一改，把我們一班人充滿著三皇五帝的腦筋，驟然作一個重大的打擊，駭得一堂中舌撟而不能下。」《古史辨》第一冊，第三六頁，上海古籍出版社一九八二年版。

153 顧頡剛：《與錢玄同先生論古史書》，載《古史辨》第一冊第六〇頁，上海古籍出版社一九八二年版。

154 顧頡剛：《我是怎樣編寫古史辨的》，載《古史辨》第一冊第一七至一八頁，上海古籍出版社一九八二年版。

155 關於陳寅恪的治史成就，請參閱拙作《論陳寅恪的學術創獲與研究方法》，《紀念陳寅恪先生百年誕辰學術論文集》第三五二至四二五頁，江西教育出版社一九九四年版。

156 一九二九年陳寅恪所作《清華大學王觀堂先生紀念碑銘》寫道：「先生之著述，或有時而不章；先生之學說，或有時而可商。唯此獨立之精神，自由之思想，歷千萬祀，與天壤而同久，共三光而永光。」《金明館叢稿二編》第二一八頁。《柳如是別傳》之緣起部分也有如下的話：「雖然，披尋錢柳之篇什於殘缺毀禁之餘，往往窺見其孤懷遺恨，有可以令人感泣不能自已者焉。夫三戶亡秦之志，九章哀郢之辭，即發自當日之士大夫，猶應珍惜引申，以表彰我民族獨立之精神，自由之思想。」參見《別傳》上冊第四頁，上海古籍出版社一九八〇年版。又陸健東著《陳寅恪的最後二十年》披露的一九五三年十二月一日陳寅恪「對科學院的答覆」，尤集中闡述了寅恪先生的這一學術精神。〈答覆〉中寫道：「我的思想，我的主張完全見於我所寫的王國維紀念碑中。王國維死後，學生劉節等請我撰文紀念。當時正值國民黨統一時，立碑時間有年月可查。在當時，清華校長是羅家倫，是二陳派去的，眾所周知。我當時是清華研究院導師，認為王國維是近世學術界最主要的人物，故撰文來昭示天下後世研究學問的人。特別是研究史學的人。我認為研究學術，最主要的是要具有自由的意志和獨立的精神。所以我說『士子讀書治學，蓋將以脫心志於俗諦之桎梏。』『俗諦』在當時即指三民主義而言。必須脫掉『俗諦之桎梏』，真理才能發揮，受『俗諦之桎梏』，沒有自由思想，沒有獨立精神，即不能發揚真理，即不能研究學術。學說有無錯誤，這是可以商量的，我對於王國維即是如此。王國維的學說中，也有錯的，如關於蒙古史上的一些問題，我認為就可以商量。我的學說也有錯誤，也可以商量，個人間的爭吵不必芥蒂。我、你都應該如此。我寫王國維詩，中間罵了梁任公，給梁任公看，梁任公只笑了笑，不以為芥蒂。我對胡適也罵過。但對於獨立精神，自由思想，我認為是最重要的，所以我說『惟此獨立之精神，自由之思想，歷千萬祀，與天壤而同久，共三光而永光』。我認為王國維之死，不關與羅振玉的恩怨，不關滿清之滅亡，其一死乃以見獨立自由之意志。獨立精神和自由意志是必須爭的，且須以生死力爭。正如詞文所示，『思想而不自由，毋寧死耳。斯古今仁賢所同殉之精義，其豈庸鄙之敢望』。一切都是小事，惟此是大事。碑文中所持之宗旨，至今並未改易。」見該書第一一一至一一二頁，三聯書店一九九五年版。

(157) 陳寅恪：《陳垣元西域人華化考序》，《金明館叢稿二編》第二二九頁，上海古籍出版社一九八〇版。

(158)(159) 錢穆：《國史大綱》（修訂本）上冊「引論」第七頁，及卷前「凡讀本書請先具下列諸信念」第一頁，香港商務印書館一九八九年版。

(160) 錢穆：《中國歷史精神》第七頁，台北東大圖書公司一九七六年初版。

(161) 張蔭麟：《論歷史學之過去與未來》，《張蔭麟先生文集》下冊第一〇五九頁，台灣大學出版委員會一九八四年初版。

(162) 熊十力：《哲學與史學——悼張蔭麟先生》，見《張蔭麟先生文集》上冊第三頁，台灣大學出版委員會一九八四年初版。

(163) 錢穆：《國史大綱》（修訂本）上冊「引論」第三頁，香港商務印書館一九八九年版。

(164) 許冠三：《新史學九十年》（上下冊），香港中文大學出版社一九八六年版。按許著爬梳勾勒百年史學，提綱挈領，每有特見，乃研究近世史學史的先發之著。即對史學各派別的歸納，亦自可成說。惟「考證學派」、「方法學派」、「史觀學派」、「史建學派」的提法，竊以為稍有未安。

(165)(166)(167) 均見《歷史語言研究所工作之旨趣》，《中國現代學術經典‧傅斯年卷》第三四〇至三五〇頁，河北教育出版社一九九六年版。

(168) 傅斯年：《史學方法導論》，《中國現代學術經典‧傅斯年卷》第二四三頁。

(169) 《歷史語言研究所工作之旨趣》，《中國現代學術經典‧傅斯年卷》第三四四頁。

(170) 《歷史語言研究所工作之旨趣》，《中國現代學術經典‧傅斯年卷》第三四六頁。

(171)(172)(173) 蔡元培：《五十年來中國之哲學》，《蔡元培全集》（高平叔編）第三五一、三八一頁，中華書局一九八四年版。

(174) 馮友蘭：《新理學》緒論，《三松堂全集》第四冊，第五頁，河南人民出版社一九八六年版。

⑰金岳霖：《論道》第一六頁，商務印書館一九八五年版。

⑰⑰⑰金岳霖：《中國哲學》，《金岳霖學術論文選》第三六〇至三六一和三六二頁，中國社會科學出版社一九九〇年版。

⑰王國維：《自序二》，《王國維遺書》之《靜安文集續編》第二一頁。

⑱參見余英時著《錢穆與新儒家》，《中國文化》第六期，一九九二年九月出版。

⑱參見李淵庭、閆秉華編《梁漱溟先生年譜》第三四頁，廣西師範大學出版社一九九一年版。

⑱梁漱溟：《東西文化及其哲學》，《梁漱溟全集》第一卷，第五二五頁，山東人民出版社一九八九年版。

⑱⑱均見蔡元培：《熊子真〈心書〉序》，《蔡元培全集》第三卷第四六二頁，浙江教育出版社一九九七年版。

⑱⑱參閱馬鏡泉：《馬一浮傳略》第十章，《中國當代理學大師馬一浮》第一六三頁，上海人民出版社一九九二年版。

⑱馬一浮：《泰和宜山會語》，參見《馬一浮卷》第一冊，第十二頁，浙江古籍出

版社和浙江教育出版社一九九六年版。

188 馬一浮：《致曹赤霞》第十二函（一九三六年）有云：「儒佛老莊，等是閑名；生滅真常，俱為贅説。達本則一性無虧，語用則千差競起。隨處作主，豈假安排；遇緣即宗，不妨施設。若乃得之象外，自然應乎寰中。故見立則矯亂紛陳，法空則異同俱泯矣。且置儒佛老莊，問如何是曹居士。」見《馬一浮集》第二冊第四六八頁。

189 190 梁啟超：《清代學術概論》，《梁啟超論清學史二種》（朱維錚校注）第八一頁，復旦大學出版社一九八五年版。

191 歐陽漸：《與章行嚴書》，金陵刻經處刻《歐陽竟無先生內外學》乙函「內學雜著」下，第一頁。

192 錢穆：《現代中國學術論衡》第一頁，岳麓書社一九八六年版。

193 張舜徽：《愛晚廬隨筆》第四八頁，湖南教育出版社一九九一年版。

194 王國維：《奏定經學科大學文學科大學章程書後》，《王國維遺書》第五冊之《靜安文集續編》第三六頁。

195 王國維：《教育小言十三則》，《靜安文集續編》第五四頁。

196 王國維：《歐羅巴通史序》，《靜安文集續編》第六四頁。

197 198 王國維：《國學叢刊序》，《王國維遺書》第四冊之《觀堂別集》卷四，第六頁至第七頁。

199 曹聚仁：《國故學之意義與價值》，《國故學討論集》上冊第七四頁，上海書店一九九一年「民國叢書選印」版。

200 姚明達：《中國目錄學史》，第一四〇頁，見上海書店一九八四年《中國文化史叢書》第二輯。

201 馬一浮：《泰和宜山會語》，《馬一浮集》第一冊，第二一頁，浙江古籍出版社一九九六年版。

202 錢鍾書在給鄭朝宗的信中談到：「弟因自思，弟之方法，並非（比較文學），in the usual sense of the term，而是求打通，以中國文學與外國文學打通，以中國詩文詞曲與小說打通。」見一九八七年三月一六日《人民日報》刊載的鄭朝宗的《管錐編作者的自白》一文所引。

203 關於中國現代學術的發端問題，可參閱我的《文化托命與中國現代學術傳統》一文，載《中國文化》第六期，一九九二年出版。

204 嚴復：《天演論》自序，《嚴復集》第五冊，第一三二一頁，中華書局一九八六年版。

⑳⑤《嚴復與張元濟書》，轉引自《嚴復集》前言，見該書第一冊第五頁。

⑳⑥⑳⑦嚴復：《原強》，《嚴復集》第一冊，第一一頁。

⑳⑧《光緒三十四年江蘇教育總會上學部請明降御旨勿復科舉書》，轉引自桑兵著《晚清學堂學生與社會變遷》第一五三頁，台北稻禾出版社一九九一年版。

⑳⑨陳寅恪：《吾國學術之現狀及清華之職責》，《金明館叢稿二編》第三一七至三一八頁。

㉑⓪《胡適全集》第二九卷第七二九頁，安徽教育出版社二〇〇三年版。

㉑①朱光潛：《怎樣改造學術界》，《朱光潛全集》第八卷第二三頁，安徽教育出版社一九九三年版。

㉑②《國學門建議書》，見《沈兼士學術論文集》第三六二頁，中華書局一九八六年版。

㉑③參閱《清華大學史料選編》第一冊，第三七五頁，清華大學出版社一九九一年版。

㉑④㉑⑤梁啟超：《清代學術概論》，《梁啟超論清學史二種》第八〇頁、七三至七四

頁。

216 217 王國維：《論近年之學術界》，《王國維遺書》第五冊之《靜安文集》第九七頁。

218 陳獨秀：《陳獨秀著作選》第一卷第三八九頁，

219 蕭公權：《學術獨立的真諦》，《蕭公權全集》之九，第二四八至二四九頁，台北聯經出版公司一九八三年版。

220 朱光潛：《怎樣改造學術界》，《朱光潛全集》第八卷第二三三頁，安徽教育出版社一九九三年版。

221 梁啟超：《學術獨立與清華第二期事業》，《清華大學史料選編》第一冊，第四二〇、四二一頁。

222 223 224 王國維：《論近年之學術界》，《靜安文集》第九七頁、九六頁。

225 陳寅恪：《馮友蘭中國哲學史下冊審查報告》，《金明館叢稿二編》第二五二頁。

226 227 嚴復：《穆勒名學按語》，《嚴復集》第四冊，第一〇四八頁。

228 嚴復：《穆勒名學按語》，《嚴復集》第四冊，第一〇二八頁。

(229)嚴復：《名學淺說》「譯者自序」，商務印書館一九八一年版。

(230)嚴復：《穆勒名學按語》，《嚴復集》第四冊，第一〇三二頁。

(231)嚴復：《西學門徑功用》，《嚴復集》第一冊，第九三頁。

(232)《胡適口述自傳》。

(233)《胡適文存》第一集《敘例》，《胡適全集》第壹卷，安徽教育出版社，二〇〇三年版。

(234)胡適：《介紹我自己的思想》，《胡適全集》第肆卷，第六五八頁，安徽教育出版社，二〇〇三年版。

(235)胡適：《介紹我自己的思想》，《胡適全集》第肆卷，第六七二～六七三頁，安徽教育出版社，二〇〇三年版。

(236)胡適：《清代學者的治學方法》，《胡適全集》第壹卷，第三八八～三九〇頁，安徽教育出版社，二〇〇三年版。

(237)胡適：《論國故學——答毛子水》，《胡適全集》第壹卷，第四一八頁，安徽教育出版社，二〇〇三年版。

(238)胡適：《四十年來中國文藝復興運動留下的抗暴消毒力量》，台北胡適紀念館出版之《胡適手稿》第九集，第五四八頁。

㉓⑨余英時先生在其所著《中國近代思想史上的胡適》一書中寫道「胡適思想中有一種非常明顯的化約論（reductionism）的傾向，他把一切學術思想以至整個文化都化約為方法。」台北聯經出版事業公司，一九八六年第四九頁。

㉔⓪熊十力：《紀念北京大學五十年並為林宰平祝嘏》，《熊十力全集》第五卷第二六頁，湖北教育出版社二〇〇一年版。

㉔①陳寅恪：《柳如是別傳》上冊，第四頁，上海古籍出版社一九八〇年版。

㉔②陳寅恪一九六三年所作《舊曆壬寅六月十日入居病院》詩：「不比遼東木蹋穿，哪能形毀更神全。今生所剩真無幾，後世相知或有緣。脈脈暗銷除歲夕，依依聽唱破家山。酒兵愁陣非吾事，把臂詩魔一粲然。」見《陳寅恪詩集》一一九頁，清華大學出版社一九九三年版。

㉔③梁啟超：《清代學術概論》，參見劉夢溪主編《中國現代經典．梁啟超卷》第二一二頁，河北教育出版社一九九六年版。

㉔④㉔⑤錢基博：《現代中國文學史》，參見劉夢溪主編《中國現代經典．錢基博卷》第五六三頁，河北教育出版社一九九六年版。

246 陳寅恪：《清華大學王觀堂先生紀念碑銘》，《金明館叢稿二編》第二四六頁，三聯書店二〇〇一年版。

247 陳寅恪：《對科學院的答覆》，載陸健東著《陳寅恪的最後二十年》第一一一至一一二頁，三聯書店一九九五年版。

248 錢基博：《現代中國文學史》，參見劉夢溪主編《中國現代經典·錢基博卷》第五六四頁，河北教育出版社一九九六年版。

249 王國維：《論性》，《王國維遺書》第五冊之《靜安文集》，第七頁。

250 朱熹：《答黃道夫》，《朱熹集》第五冊，第二九四七頁，四川教育出版社一九九六年版。

251 王國維：《釋理》，《王國維遺書》第五冊之《靜安文集》，第一八頁。

252 參見馮友蘭：《中國哲學史》下冊，《三松堂全集》第三卷三一六頁，河南人民出版社一九八九年版。

253 王國維：《論哲學家與美術家之天職》，《王國維遺書》第五冊之《靜安文集》，第一〇二頁。

254 王國維：《論新學語之輸入》，《王國維遺書》第五冊之《靜安文集》，第九八頁。

㉕金岳霖：《序》（一九二七），《金岳霖學術論文選》第四六八頁，中國社會科學出版社一九九〇年版。

㉖參見錢大昕：《十駕齋養新錄》第一頁之阮元序，江蘇古籍出版社二〇〇〇年版。

國家圖書館出版品預行編目資料

中國現代學術要略／ 劉夢溪著.-- 初版 --
臺北市：風雲時代，2008.09
面； 公分

ISBN 978-986-146-497-8（平裝）

1.學術思想 2.人文思想 3.現代史 4.中國

*112.8* *97018944*

# 中國現代學術要略

作 者：劉夢溪
出 版 者：風雲時代出版股份有限公司
出 版 所：風雲時代出版股份有限公司
地 址：105台北市民生東路五段178號7樓之3
網 址：http：//www.books.com.tw
信 箱：h7560949@ms15.hinet.net
服務專線：(02)27560949
傳眞專線：(02)27653799
郵撥帳號：12043291
執行主編：劉宇青
美術設計：許芳瑜

法律顧問：永然法律事務所 李永然律師
北辰著作權事務所 蕭雄淋律師

初版日期：2008年12月

ISBN：978-986-146-497-8

總 經 銷：成信文化事業股份有限公司
地 址：台北縣新店市中正路四維巷二弄2號4樓
電 話：(02)2219-2080

行政院新聞局局版台業字第3595號 營利事業統一編號22759935


定 價：280元